99%
페미니즘
선언

Feminism for the 99 Percent, A Manifesto

by
NANCY FRASER,
CINZIA ARRUZZA,
TITHI BHATTACHARYA

FEMINISM FOR THE 99%

A MANI-FESTO

페미니즘 선언

티티 바타차리아 · 친지아 아루짜 · 낸시 프레이저

TITHI BHATTACHARYA · CINZIA ARRUZZA · NANCY FRASER

OOMZICC PUBLISHER

이 책은 2019년 영국 미국의 버소Verso,
이탈리아의 라테르자Laterza, 프랑스 라
데쿠베르트La Decouverte, 스페인의 까
뜨로 벤또스Catro Ventos(갈리시아어판)·
티그레 데 파페Tigre de Paper(카탈루냐
어판)·헤르데르Herder(카스티야어판),
스웨덴의 탄케크라프트TankeKraft,
브라질의 보이뗌쁘Boitempo, 아르헨티나
의 라라 아비스Rara Avis, 루마니아의
프락탈리아frACTalia, 터키의 셀Sel에서
동시 출간되었습니다. 움직씨 출판사
Oomzicc의 한국어판은 버소 출판사에서
펴낸 『Feminism for the 99 Percent,
A Manifesto,2019』를 완역한 것입니다.

- 본문의 각주는 옮긴이 주이며, 편집부에서 일부 보완했습니다.
- 원서에서 이맬릭체로 강조한 표현은 기울임 고딕체로, 큰따옴
  표로 묶은 단어는 작은따옴표로 표시했습니다.

일찍이
그 길을 내다보았던
콤바히 강 콜렉티브•
(Combahee River Collective)에게

그리고
지금 땅을 부숴 새 길을 내는
폴란드와 아르헨티나의
페미니스트 파업 노동자들에게

• 1974년 미국 보스턴에서 만들어진 레즈비언 흑인 여성 페미니스트 단체.
'콤바히 강 콜렉티브 선언문'을 발표하면서 유색 인종과 퀴어 여성에 대한
이슈에는 침묵하던 페미니즘 운동과 퀴어 혐오적인 성격을 띠던 흑인 평등권
운동을 새롭게 환기시켰다.

선언문

갈림길에서

선언문

갈림길에서

2018년 봄 페이스북의 최고운영책임자 COO 셰릴 샌드버그Sheryl Sandberg는 "모든 국가와 기업의 절반을 여성이 운영하고 가정의 절반을 남성이 꾸린다면 우리의 삶은 훨씬 나아질 것."이라며 "우리는 그 목표에 다다르기 전까지 절대 만족해선 안 된다."고 말했다. 기업 페미니즘corporate feminism을 대변하는 샌드버그는 여성 경영인들에게 회사의 중역 회의실에서 "망설임 없이 뛰어들라lean in.*"고 충고하면서 이미 명성을 (그리고 돈도) 얻은 인물이었다. 월가wall street 규제 철폐의 장본인인 래리 서머스Larry Summers[**] 전 미국 재무 장관의 비서실장으로도 일했던 그는 여성들에게 재계에서 이를 악물고 거둔 성공이야말로 성평등gender equality을 이룰 왕도라고 일말의 가책 없이 조언했다.

같은 해 봄, 투쟁적인 페미니스트들의 파업이 스페인을 폐업시켰다. 500만 명이 넘는 시위자가 함께한 '후엘가 페미니스타Huelga Feminista[***]'의 주동자들은 '성차별적인 억압과 착취, 폭력으로부터 자유로운 사회'를 요구하며 '여성들이 고분고분 복종하며 침묵을 지키기 원하는 가부장제와 자본주의 동맹에 대한 저항과 투쟁'을 외쳤다. 마드리드와 바르셀로나에 땅거미가 내릴 무렵, 페미니스

● 「린 인」은 실리콘 밸리의 대표 성공 사례 인물로 꼽히는 셰릴 샌드버그의 자기 계발서 제목.

●● 재무 장관으로 일한 빌 클린턴 행정부 당시 월가 규제 철폐에 앞장섬으로써 금융 위기의 씨앗을 뿌린 장본인이라는 비판을 받음. 하버드대 총장 재직 중 "여성은 선천적으로 남성보다 과학과 수학을 못 한다."는 성차별적 발언으로 물러난 바 있음.

●●● 페미니스트 파업. 냄비와 국자로 무장한 페미니스트들이 스페인 마드리드 광장에 모여 2018년 3월 8일 세계 여성의 날 총파업 시위를 벌임.

트 파업자들은 "3월 8일 우리는 이제 서로의 팔짱을 끼고 모든 생산 활동과 재생산 활동을 중단한다."고 세상에 공표하며 "더 나쁜 업무 환경을 받아들이거나 동일 노동에 대한 성차별적인 보수를 수락하지 않을 것."이라 선언했다.

이들 두 개의 목소리는 페미니즘 운동의 두 갈림길을 대변한다. 샌드버그와 그 부류는 페미니즘을 자본주의의 하녀로 안다. 그들이 원하는 것은 일터에서의 착취와 사회 전체의 억압을 관리하는 지위가 지배 계층 남성과 여성에게 고루 배정되는 세상이다. 노조를 급습하고, 살인 드론을 띄워 부모 목숨을 빼앗고 아이들을 국경의 수용소에 가두어 놓는 이가 남성이 아닌 여성임에 기꺼워하라고 페미니즘의 이름으로 요구하는, 소위 '*지배 기회의 평등equal opportunity domination*'이 펼치는 놀라운 전망이다. 샌드버그의 자유주의 페미니즘과 극명히 대조를 이루는 곳에서 후엘가 페미니스타의 주동자들은 상급 관리자를 만들어 내고,

국경을 생산하고, 국경을 지킬 드론을 제조하는 *자본주의의 종식ending capitalism*을 주장한다.

페미니즘의 두 가지 전망과 마주하며, 우리는 우리가 갈림길에 섰으며, 우리의 선택이 인류에 대단한 결과를 낳으리라는 것을 직시한다. 한쪽 길 끝에는 인간 삶이라 여길 수 없을 정도로 궁핍하고 (만일 그때까지 멸절하지 않는다면) 초토화된 지구가 있다. 또 다른 길이 가리키는 곳은 인류의 가장 고양된 꿈의 중심에서 온 세상, 부와 천연자원이 모두에게 나누어지고, 평등과 자유가 열망이 아니고 전제인 공정 사회이다.

두 길의 대비는 극명하다. 하지만 그 선택이 지금 우리를 이렇게 짓누르는 까닭은 현실적인 중도中道가 부재하는 데 있다. 우리에게서 대안을 앗은 것은 지난 사십 년간 전 세계를 지배해 온 유난히 약탈적이며 금융화된 자본주의, 신자유주의neoliberalism다. 대기를 더럽히고, 민주주의 원칙이란 미명을 조롱하고, 우리의 사회적 수용력을 한계점에 다다르게 하고, 대다수 사람들의 생활 조건을 전반적으로 악화시킨 이 자본주의의 반복은 모든 사회 갈등을 극에 달하게 하며 온건한 개혁으로 가던 침착한 노력을 살아남으려는 총력전으로 탈바꿈시킨다. 이러한 상황이기에 관망할 수 있는 시절은 지났고, 페미니스트들은 하나의 태도를 취해야만 한다. 타오르는 지구에서 '지배 기회의 평등'을 계속 추구할 것인가? 아니면 성 정의gender justice를 현재의 위기를 넘어 새로운 사회로 이끌 반자본주의 형식으로 재해석할 것인가?

이 선언문은 두 번째 길, 우리가 필연적인 동시에 실현 가능하다고 여기는 항로에 관한 짧은 보고다. 반자본주의 페미니즘anticapitalist feminism이 오늘날 고려할 만한 선택으로 대두된 것은 일정 부분 정치 엘리트를 향한 신뢰가 전 세계적으로 무너진 덕이다. 이제는 전에 비해 허깨비에 불과한 신자유주의를 도모하던 중도 좌파와 중도 우파뿐 아니라 샌드버그류의 기업 페미니스트 동맹, '진보 progressive'의 허울이 후광을 잃고 만 패거리 또한 그 재난의 피해자들이다. 자유주의 페미니즘liberal feminism은 2016년 미국 대선때 힐러리 클린턴Hillary Clinton*의 떠들썩한 출마가 여성 유권자들을 흥분시키는 데 실패하면서, 돌이킬 수 없는 패배를 맛보았다. 그럴 만한 이유가 있었다. 클린턴은 엘리트 여성의 고위직 승진과 대다수 여성의 삶의 향상 사이 극심한 단절감을 체현하는 인물이었다.

클린턴의 패배는 우리에게 경종을 울린다. 자유주의 페미니즘의 파산을 폭로하며, 그에 도전할 여지를 왼쪽the left 면에 뚫었다. 자유주의의 쇠퇴가 만든 진공 속에서 우리는 또 하나의 페미니즘을 구축할 기회를 갖는다. 페미니즘 이슈로 간주되는 것을 달리 규정하는 페미니즘, 계급 지향 class orientation이 다르고 에토스ethos**또한 급진적이

●   2016년 민주당이 지명한 미국 주요 정당 사상 첫 여성 대선 후보.
● ● 기풍이나 특성. 고유성, 카리스마, 도덕성, 호감도, 성품 등을 뜻함.

며 변혁적인 페미니즘을.

　　　　이 선언문은 '다른' 페미니즘을 촉진하기 위한 우리의 노력이다. 우리는 상상 속의 유토피아를 그려 보기 위해서가 아니라, 정의로운 사회에 도달할 때까지 옮겨야 하는 걸음을 표시하기 위해서 쓴다. 우리는 왜 페미니스트들이 페미니스트 파업feminist strikes의 길을 택해야 하는지, 왜 우리가 다른 반자본주의·반체제antisystemic 운동과 연합해야 하는지, 왜 움직임이 *99퍼센트의 페미니즘 feminism for the 99 percent*이 되어야만 하는지 설명하는 것을 목표로 한다. 반인종주의자antiracists, 환경주의자environmentalists, 노동자와 이주민 기본권 활동가labor and migrant rights activists들과 연대하는 오직 이 길을 통해서만 페미니즘은 우리 시대의 도전에 응할 수 있다. "(기업의 모험에) 망설임 없이 뛰어들라"는 교리dogma와 1퍼센트를 위한 페미니즘을 단호히 거부함으로써 우리의 페미니즘은 다른 모두를 위한 희망의 불빛이 될 수 있다.

지금 우리에게 이 프로젝트에 나설 용기를 주는 것은 투쟁적인 페미니스트 행동주의mil-itant feminist activism라는 새로운 물결이다. 이것은 여성 노동자들에게 재앙을 불러오는 것으로 드러나며 이제는 신뢰성을 크게 잃어버린 기업 페미니즘이 아니며, 남반구 여성들에게 소액의 돈을 신용대출해 힘을 부여한다고 주장하는 '마이크로크레디트 페미니즘microcredit feminism'도 아니다. 오히려 우리에게 희망을 준 것은 2017년과 2018년의 국제 페미니스트와 여성 파업international feminist and women's strikes이다. 여성 파업과 그 주변에서 발전해 점점 더 조직화되는 움직임이야말로 99퍼센트의 페미니즘에 대한 영감을 주었으며 이제 그 자체를 담아낸다.

테제 1

밀려오는
새 페미니즘의
물결은
파업을
재발명한다.

테제. 1

밀려오는 새 페미니즘의 물결은
파업을 재발명한다.

**A new feminist waves reinventing
the strike.**

새로운 페미니스트 파업 운동은 2016
년 10월 폴란드 정부의 낙태 금지 법안에 항의하느
라 십만여 명의 여성들이 일터를 등지고 거리로 쏟
아져 나와 행진하면서 시작되었다. 달이 바뀌기 전
에 이러한 급진적 거부radical refusal의 분출은 바다
를 건너 아르헨티나까지 다다랐고, 극악무도하게

강간 살해된 루시아 페레즈Lucia Perez를 추모하며 파업에 나선 여성들은 "단 한 명도 잃을 수 없다Ni una menos."는 투쟁적인 구호를 목청 높여 외쳤다. 파도는 곧 이탈리아, 스페인, 브라질, 터키, 페루, 미국, 멕시코, 칠레 등 수십 곳의 나라로 밀려갔다. 거리에서 시작된 운동은 이제 일터와 학교 밖으로 흘러넘쳤고, 마침내는 쇼 비즈니스show business, 미디어media, 정치politics라는 번성한 세계까지 집어삼켰다. 소셜 네트워크 서비스 해시태그로 *#NosotrasParamos*(여성이 멈추면 세상은 멈춘다), *#WeStrike*(우리는 싸운다), *#VivasNosQueremos*(우리는 살고 싶다), *#NiUnaMenos*(단 한 명도 잃을 수 없다), *#TimesUp*(때가 됐다), *#Feminism4the99*(99퍼센트의 페미니즘) 등의 운동 슬로건slogan*들이 지난 이 년여에 걸쳐 전 세계에 강력하게 울려 퍼졌다. 처음에는 파문으로 시작돼 파도가 되고 마침내 거대한 물결이 된 그것은, 기존의 동맹alliances을 붕괴시

● 단체의 주의, 주장 따위를 나타낸 짧은 어구.

키고 정치 지형을 새로 쓸 만한 기세를 모으고 있는, 새로운 전 지구적 페미니스트의 움직임new global feminist movement이다.

2017년 3월 8일 전 세계 주최자들이 동시다발로 파업을 결의하면서 나라별로 벌어지던 일련의 행동이 초국가적인 운동으로 번졌다. 이러한 대담한 조치는 세계 여성의 날을 재정치화re-politicized했다. 브런치brunch와 미모사 칵테일, 홀마크 카드Hallmark cards[*] 같은 탈정치화된 조잡한 장식들을 떨쳐 버리고 파업 참가자들은 노동 계급과 사회주의 페미니즘socialist feminism이라는 거의 잊힌 역사적 기원을 되살렸다. 미국 이민자 여성과 유대인 여성Jewish women들이 주도적으로 이끈 파업과 대규모 시위가 미국 내 사회주의자들을 움직여 여성의 날을 처음으로 만들고, 이어 독일 사회주의자 루이제 지츠Luise Zietz와 클라라 제트킨Clara Zetkin으로 하여

●   미국 최대의 축하 카드 제조 회사.

금 세계 여성의 날을 제안하게 한 예처럼 그들은 20세기 초 노동 계급 여성들이 발휘한 총동원의 정신을 다시 불러일으켰다.

오늘날 페미니스트 파업은 노동자의 권리와 사회 정의를 외치던 투쟁 정신을 되살려 역사적 뿌리를 다시 찾는다. 바다와 산맥과 대륙, 국경과 가시철조망, 장벽들에 막혀 갈라진 여성들을 하나로 모으며 "연대는 우리의 무기 Solidarity is our weapon."라는 슬로건에 새로운 의미를 더한다. 가정을 둘러싼 상징적 장벽으로 인한 고립을 깨부수며, 파업은 유급 노동과 무상 노동 paid and unpaid work 으로 세상을 지탱하는 여성들이 지닌 막대한 정치적 잠재력을 세계에 입증하는 것이다.

하지만 그것이 전부는 아니다. 빠르게 성장 중인 이 움직임은 파업의 새로운 방법을 발명했으며 파업이라는 형태 자체에 새로운 종류의 정치를 주입시켰다. 움직임은 노동의 철회와 행진 the withdrawal of labor with marches, 시위demonstrations, 소규모 폐업small business closures, 봉쇄blockades, 불매 운동boycotts과 결합함으로써 한때 거대했으나 수십 년간 지속된 신자유주의의 공격에 크게 위축됐던 파업 행동의 모든 것을 다시 채웠다. 동시에 이 새로운 물결은 파업을 민주화하며, 무엇보다 '노동labor'으로 간주할 수 있는 것은 무엇인가에 관한 관념을 넓힘으로써 범위를 확장한다. 여성 파업 행동주의는 노동의 범주를 임금 노동에만 두는 것을 거부하고 집안일, 섹스, 미소 또한 철회한다. 주로 *자본주의 사회에서 성 역할로 고정된 무상 노동 the indispensable role played by gendered, unpaid work in capitalist society*의 필수적인 역할을 드러내며, 자본이 유용하되 보상하지 않는 활동들에 이목을 집중시킨다. 마찬가지로 임금 노동에 대해서도, 노동 문제로 간주할 수 있는 것이 무엇이냐에 관해 포괄적인 관점을 취한다. 파업자들은 임금과 노동 시간에만 집중하는 대신 성적 괴롭힘sexual harassment•과 성폭행, 재생산 정의••를 가로막는 장벽barriers to reproductive justice, 파업할 권리를 억제하는 정책을 공격 대상으로 삼는다.

그 결과 새로운 페미니즘의 물결은 '정체성 정치identity politics'와 '계급 정치class politics' 간의 완고하고 분열적인 대립을 극복할 잠재력을 갖게 됐다. '직장'과 '사생활'이 별개가 아니라는 사실을 폭로해, 우리의 투쟁을 어느 한 공간으로 제한하기를 거부한다. 또한 무엇이 '노동work'이며, 누가 '노동자worker'로 간주되는지를 재정의함으로써 임금 노동과 무보수 노동을 통틀어 여성 노동에 대한 자본주의의 구조적인 과소평가를 기각한다. 이로써 여성 파업 페미니즘women's strike feminism은 계급 투쟁의 새로운 가능성, 페미니즘과 국제주의, 생태주의, 반인종주의들을 모두 반영한 새 계급 투쟁의 국면을 예기하고 있다.

● 성적 자기결정권의 침해 행위. 한국에서는 '성희롱'으로 오역되어 정착됨.
●● 좁게는 임신, 출산, 양육 등 생식과 관계된, 넓게는 돌봄 노동이 교환되는 재생산과 관계된 정의.

이 개입은 더없이 적절한 시기에 이루어졌다. 여성 파업의 투쟁성은 한때 강성했던 제조업 거점의 노동조합이 심각하게 약화된 시점에 분출했다. 활동가들은 계급 투쟁에 새로운 불길을 일으키려고 '보건 의료, 교육, 연금, 주택 공급에 대한 신자유주의의 폭력'이라는 또 다른 경기장으로 눈을 돌렸다. 그들은 사십 년째 이어지는 노동자와 중산층의 생활 여건에 대한 자본의 공격 등 또 다른 측면을 목표로 삼아 인간과 사회 공동체의 유지에 필요한 노동과 서비스 쪽으로 가늠쇠를 겨눴다. 바로 이 '사회적 재생산social reproduction'의 영역이야말로, 우리가 오늘날 다수의 가장 과격한 파업과 항거를 보게 되는 지점이다. 미국의 교사 파업 물결부터 아일랜드의 상수도 민영화 반대 투쟁, 인도에서 일어난 달리트Dalit* 계급 환경 미화원들의 파업까지, 지금 노동자들은 여성이 주도하고 힘을 불어넣은 싸움들을 통해 사회적 재생산에 대한 자본의 공격에 맞서 저항하고 있다. 이러한 파업들은 비록 국제 여성 파업 운동과 공식적으로 연계되어 있지 않지만,

많은 부분에서 관련이 있다. 우리의 삶을 재생산하는 데 필요한 노동의 가치를 인정하고 착취에 반대한다는 점에서 그렇고, 임금 인상과 일터에 관련한 요구와 사회 복지에 대한 공공 지출 증대 요구를 별개로 여기지 않는다는 점에서 그렇다.

더욱이 아르헨티나, 스페인, 이탈리아와 같은 국가에서는 여성 파업 페미니즘이 긴축에 반대하는 세력으로부터 광범위한 지지를 이끌어 냈다. 여성, 그리고 성별에 불응하는 사람들gender-nonconforming people**뿐 아니라 남성들도 학교와 보건 의료, 주택 공급, 대중교통, 환경 보호에 대한 재정 절감에 반대하는 대규모 시위에 참여했다. 페미니스트 파업자들은 '공공 재화public goods'에 대한 금융 자본의 침투에 맞섬으로써, 우리 사회를 보호하는 광범위한 노력의 촉진제이자 본보기가 되고

●   인도 카스트 제도하의 불가촉천민을 가리킴. 카스트에 따른 인도인의 신분은 브라만(승려), 크샤트리아(왕·귀족), 바이샤(평민), 수드라(노예) 등 네 개로 구분되는데, 달리트는 이 네 개의 카스트에 속하지 못하는 최하층의 계급임.

●●   논바이너리, 젠더 퀴어 등 성별 이분법에 맞서는 사람들을 이르는 통칭.

있다.

　　모두 말하길,* 투쟁적인 페미니스트 행
동주의의 새로운 물결은 빵과 장미를, 신자유주의
가 지배한 수십 년 동안 우리 식탁에서 앗아 간 빵
뿐만 아니라 저항의 흥분을 통해 우리 정신에 자
양분이 될 아름다움까지 요구하는 불가능의 사상
을 재발견한다.

● All told. 낸시 프레이저, 친지아 아루짜, 티티 바타차리야 세 저자가 모두 말하길.

테제 2

자유주의
페미니즘은
파산한다.
이제는
그것을
넘어설 때다.

테제. 2

자유주의 페미니즘은 파산한다.
이제는 그것을 넘어설 때다.

**Liberal feminism is bankrupt.
It's time to get over it.**

주류 언론은 흔히 페미니즘을 언급할 때, 이를 *자유주의 페미니즘*과 동일시한다. 그러나 자유주의 페미니즘은 문제의 일부일 뿐 결코 해법을 주지 않는다. 북반구의 전문직 관리자 계층에 중심을 둔 자유주의 페미니즘은 '망설임 없이 뛰어들라'는 기조와 '유리 천장 깨기cracking the glass ceiling'

에 역점을 둔다. 소수의 특권 계층 여성이 기업에서 경력의 사다리를 오르고 군에서 더 높은 지위로 진급하게 하는 데 헌신하는 자유주의 페미니즘은 기업들이 '다양성diversity'에 보이는 열의와 짝을 이루며 평등에 대한 시장 중심적인 관점을 제기한다. 겉으로는 '차별'을 규탄하고 '선택의 자유'를 옹호함에도, 자유주의 페미니즘은 대다수의 여성이 자유와 자율권을 누릴 수 없게 만드는 사회 경제적 제약을 고심하는 일에는 단호히 고개를 돌린다. 진짜 목적은 평등이 아니라 실력주의다. 사회의 위계를 무효화하기보다는 위계를 '다양화'해 '재능 있는' 여성들이 정상에 오르도록 '임파워링empowering•'하는 것을 목표로 한다. 여성을 단순히 '소외된 집단underrepresented group'으로 취급함으로써 그 옹호자들은 소수의 특권 계층 여성이 마침내 높은 자리에 앉고, 같은 계층 남성과 똑같은 보수를 받을 수 있게 하는 데 매진한다. 당연히 제1의 수혜자는 이미

● 권한을 부여하는 것.

사회 문화 경제에서 상대적인 우위를 차지한 이들이다. 나머지 모두는 지하에 갇힌 채 버려진다.

급등하는 불평등과 양립 가능한 자유주의 페미니즘은 억압을 아웃소싱outsourcing •한다. 전문직 관리자 여성들이 돌봄 노동과 가사를 형편없는 보수에 하도급을 준 이민자 여성에 의지함으로써 그들 스스로는 업무에 망설임 없이 뛰어든다. 계급과 인종에 무신경한 자유주의 페미니즘은 우리의 대의를 엘리트주의나 개인주의와 연결시킨다. 페미니즘을 '외따로 시작된stand-alone' 운동으로 전시하며 다수를 해하는 정책에 우리를 결부시키고, 정책에 맞선 투쟁으로부터 우리를 갈라놓는다. 요컨대 자유주의 페미니즘은 페미니즘에 오명을 씌운다.

자유주의 페미니즘의 정신은 기업 관행

● 기업이 조직 업무 일부를 외부 전문 기관에 위탁하는 일. 경영 효과와 효율을 극대화하는 방안으로 활용됨.

뿐 아니라 신자유주의 문화의 소위 '위법하기 쉬운 transgressive' 기류와도 맞물린다. 개인의 출세에 대한 열광은 페미니즘을 개별 여성의 오르막과 혼동하는 소셜 미디어 유명인social-media celebrity들의 세계에도 똑같이 스며들었다. 그 속에서 페미니즘은 실시간 인기 해시태그이자 자기 홍보 수단이 되고, 다수를 해방시키기보다는 소수의 지위를 올리는 데 쓰인다.

　　일반적으로 자유주의 페미니즘은 신자유주의를 위한 완벽한 알리바이를 제공한다. 퇴보한 정책들을 해방의 오라aura 속에 감춘 채 세계 자본을 지탱하는 힘들이 스스로를 '진보progressive'라 기만할 수 있게 한다. 미국에서는 국제 금융과 동맹을 맺는 한편, 유럽에서는 이슬람 혐오주의islam-ophobia를 은폐하는 자유주의 페미니즘은 "망설임 없이 뛰어들라"고 설교하는 기업 지도자들, 남반구에서 구조 조정과 마이크로크레디트를 밀어붙이는 '페모크라트femocrats[••]', 바지 정장을 입고 월가를 향한 연설로 몇십만 달러의 강연료를 모으는 직업 정치가 등 여성 권력가의 페미니즘이다.

'망설임 없이 뛰어들라'는 페미니즘에 대한 우리의 응답은 *'내려놓는kick-back'페미니즘*이다. 우리는 유리 천장을 부수고, 그래서 대다수가 바닥에 쏟아진 유리 조각들을 치우게끔 만드는 일에 관심이 없다. 전망 좋은 사무실을 차지한 여성 CEO들에게 박수를 보내는 게 아니라 CEO와 전망 좋은 사무실이란 것을 없애 버리길 원한다.

● ● 여성주의 관료들.

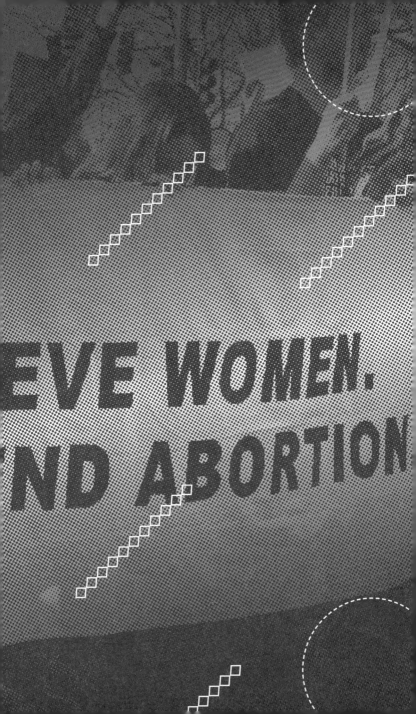

테제 3

우리에게는
반자본주의
페미니즘,
99퍼센트의
페미니즘이
필요하다.

테제. 3

우리에게는 반자본주의 페미니즘,
99퍼센트의 페미니즘이 필요하다.

**We need an anticapitalist feminism
—a feminism for the 99 percent.**

우리가 품는 페미니즘은 생활 수준의
급락plummeting living standards과 어렴풋한 환경 재앙
looming ecological disaster, 폭주하는 전쟁rampaging wars,
심화된 몰수intensified dispossession, 가시철조망 앞에
서 오도 가도 못하게 된 대규모 이주민, 한층 대담
해진 인종 차별과 외국인 혐오xenophobia, 어렵게 얻

은 사회권과 참정권의 번복 등 전례 없는 규모의 위기들에 응답해야 함을 인식한다.

우리는 이 모든 도전에 대처하기를 원한다. 우리가 구상하는 페미니즘은 미봉책을 멀리하면서 암세포처럼 전이 중인 야만적 자본주의 뿌리의 대치를 겨냥한다. 소수의 자유를 보호하려고 다수의 안녕을 제물로 내놓기를 거부하며, 가난한 여성과 노동 계급 여성, 인종 차별 당하는 이주 여성migrant women, 퀴어queer, 트랜스trans, 장애 여성disabled women, 자본에 착취당하면서도 스스로를 '중산층middle class'으로 여기도록 부추겨지는 여성들의 필요와 권리를 위해 싸운다. 하지만 그것이 전부는 아니다. 이 페미니즘은 전통적으로 규정된 대로 스스로를 '여성의 쟁점women's issues'에 한정 짓지 않는다. 혹사되고 지배당하며 억압받는 모두를 위해 서 있는 인류 전체의 희망이 되기를 목표한다. 우리가 이를 *99퍼센트의 페미니즘*이라 부르는 이유다.

여성 파업의 새로운 물결이 고취시킨 99퍼센트의 페미니즘은 이론적인 반성에 근거를 두되, 실제 경험의 장 안에서 나타나고 있다. 신자유주의가 우리 눈앞에서 젠더 불평등을 개조하고 있는 지금 우리는 99퍼센트의 페미니즘이야말로 여성과 성별에 불응하는 사람들이 이론상 보유한 권리를 실현할 수 있는, 권리를 도려내 버린 기저의 사회 구조를 바꿈으로써 승리를 쟁취할 수 있는 유일한 방법으로 본다. 그 자체만으로 낙태 합법화legal abortion는 병원비를 지불할 수단도 없고 낙태 시술을 제공하는 의료 시설에의 접근성도 없는 가난한 노동 계급 여성들에게 거의 무의미하다. 오히려 재생산 정의reproductive justice는 의료계의 인종 차별과 우생학적인 관행을 끝내는 것뿐 아니라 보편의 비영리 무료 의료 서비스를 요구한다. 임금 평등wage equality은 가난한 노동자 계급 여성에게도 마찬가지로 넉넉한 생활 임금을 보장하는 일자리와 실질적이고 실행 가능한 노동권actionable labor rights, 집안일과 돌봄 노동을 위한 새로운 조직이 함께 뒤따

르지 않는 한 비참 속의 평등을 의미할 뿐이다. 젠더 폭력을 금하는 법률laws criminalizing gender violence 역시 형사 사법 제도의 구조적인 성차별과 인종주의를 모르쇠로 두고 경찰의 잔혹 행위, 대규모 투옥, 추방 협박, 군사 개입, 직장에서의 괴롭힘과 학대를 그대로 방치한다면 잔인한 속임수에 그칠 뿐이다. 끝으로 법적 해방legal emancipation도 여성이 가정과 일터에서의 폭력으로부터 벗어날 수 있게 보장하는 공공 서비스, 공공 주택, 자금 지원이 뒤따르지 않는다면 빈 껍데기로 남는다.

이런고로 99퍼센트의 페미니즘은 깊이 있고 광범위한 사회 변혁을 추구한다. 그것은 요컨대 99퍼센트의 페미니즘이 분리주의 운동일 수 없는 이유이기도 하다. 다시 말해 우리는 환경 정의environmental justice, 수준 높은 무상 교육, 아낌없는 공공 서비스, 저렴한 서민 주택, 노동권, 보편적인 무상 의료, 또는 인종주의와 전쟁이 없는 세계를 위한 분투로써 99퍼센트의 모든 공동 행동에 동참할 것을 제안한다. 우리는 오직 그러한 움직임들과 동맹하면서 우리를 억압하는 사회관계와 제도를 흩뜨릴 힘과 시야를 얻게 된다.

99퍼센트의 페미니즘은 계급 투쟁과 인종 차별 제도에 맞서는 싸움을 기꺼이 받아들인다. 99퍼센트의 페미니즘은 인종 차별의 대상이 되는 여성이나 이주 여성이든 백인 여성이든, 시스cis 여성*이든 트랜스 여성이나 성별에 불응하는 여성이든, 주부든 성노동자든 시급·주급·월급을 받거나 무급으로 일하는 여성이든 실업 여성이든 불안정 고용된 여성이든, 젊은 여성이든 나이가 많은 여성이든, 모든 층위에 속한 노동자 계급 여성의 고민을 중심에 둔다. 확고한 국제주의자internationalist로 제국주의imperialism와 전쟁에 단호하게 반대한다.

99퍼센트의 페미니즘은 반신자유주의

●   시스 여성은 타고난 지정 성별과 성 정체성이 일치하는 여성을 뜻함.

antineoliberal 일 뿐 아니라 반자본주의*anticapi-talist* 이기도 하다.

테제 4

우리가
겪고 있는 것은
전체 사회의
위기이며,
위기의 근원은
자본주의다.

우리가 겪고 있는 것은 전체 사회의 위기이며,
위기의 근원은 자본주의다.

**What we are living through is a cri
sis of society as a whole—and its
root cause is capitalism.**

관측자들observers은 2007-2008년을 19
30년대 이래 최악의 금융 위기가 시작된 시점으로
본다. 아주 틀린 말은 아니지만, 현재 위기에 대한
이 같은 이해는 여전히 너무 편협하다. 우리가 겪고
있는 것은 *전체 사회의 위기*다. 결코 금융 영역에

한정된 위기가 아니며 경제, 생태, 정치, '돌봄care' 영역들에 일제히 처한 위기이기도 하다. 사회 조직 전반의 위기로서 근본적으로는 자본주의의 위기이며, 특히 오늘날 가차 없이 남의 것을 빼앗는, 세계화하고 금융화된 신자유주의 사회의 자본주의가 처한 위기인 것이다.

　　　자본주의는 주기적으로 그러한 위기를 가져온다. 이는 우연이 아니다. 자본주의 제도는 임금 노동을 착취함으로써 생존할 뿐 아니라 자연과 공공재, 인간 존재와 지역 사회를 재생산하는 무임금 노동에 무임승차하기도 한다. 무제한의 이윤 추구에 눈 먼 자본은 모든 것을 자유로이 갈취하며 값은 (억지로 그렇게 해야 할 때만 제외하고) 지불하지 않는다. 자본은 자연을 훼손하고, 공권력을 도구화하고, 무임금 돌봄 노력을 모으기 위한 그 자체의 논리에 따라 주기적으로 스스로와 나머지 우리가 생존하기 위해 의탁하는 여건 자체를 와해시킨다. 위기는 자본주의의 DNA 속에 생래적으로 새

겨진 것이다.

오늘날 자본주의의 위기는 유난히 극심하다. 사십년간 세계를 지배한 신자유주의는 임금을 낮추고, 노동권을 약화시키고, 환경을 짓밟고, 가족과 지역 사회를 지탱하는 데 쓸 에너지를 빼앗았으며, 동시에 사회 구조 전반에 재정의 촉수tentacles of finance를 뻗쳤다. 전 세계 수많은 사람들이 지금 *"그만하면 됐다Basta!"*고 외치는 것은 당연한 결과이다. 틀을 깬 생각에 열려 있는 사람들은 기성 정당들과 '자유 시장 경쟁free market competition', '낙수 효과*의 경제학trickle-down economics', '노동 시장 유연성labor market flexibility**', '부실 채무'에 대한 신자유주의 상식을 거부하고 있다. 이에 따른 결과는 리더십과 구조의 부재가 만든 깊은 공백과 무언

● 물이 위에서 아래로 떨어지듯이 고소득층의 소득 증대가 소비 및 투자 확대로 이어져 궁극적으로 저소득층의 소득도 증가하는 효과를 가리키는 말.

●● 사회 및 경제 변화에 맞춰 인적 자원이 빠르고 효율적으로 배분 또는 재배분되는 노동 시장의 능력.

가는 곧 폭발하리라는 예감이다.

99퍼센트의 페미니즘은 이 단절된 틈새로 뛰어드는 사회 세력 중 하나다. 그러나 우리는 이 지형을 지휘하지 않는다. 오히려 여러 악당들과 무대를 함께 쓴다. 각지에서 발흥한 우익 세력들은 '자유 무역free trade'을 끝내고, 이민 규모를 줄이고, 여성과 유색 인종people of color, 성 소수자 LGBTQ+•••의 권리를 제한함으로써 '올바른the right' 민족성, 국적, 종교를 지닌 가족들의 삶을 향상시키겠다고 약속한다. 한편 다른 쪽에서는 '점진적 저항progressive resistance'을 외치는 지배적인 물결이 마찬가지로 불미스런 의제를 펼친다. 이전 모습으로 돌아가려고 애쓰는 세계 금융 관계자들은 페미니스트, 반인종주의자, 생태주의자들이 그들의 진보적인 '보호자들'과 가까워져서 한층 더 야심에 차

●● 레즈비언 lesbian, 게이 gay, 바이섹슈얼 bisexual, 트랜스젠더 transgender,
● 퀘스처닝 questioning 외 성 소수자 전반을 뜻함.

고 평등주의egalitarian에 입각한 사회 변혁 프로젝트를 단념하길 희망한다. 99퍼센트의 페미니즘은 그 제안을 거부한다. 우리는 반동 포퓰리즘reactionary populism은 물론 진보적인 신자유주의 반대파도 밀어내며, *위기와 불행의 진짜 원인이 자본주의임을 인식하고 그에 정면으로 맞선다.*

달리 말해, 우리에게 위기는 단순히 고통의 시기가 아니다. 이윤 창출을 방해하는 교착 상태인 것만도 아니다. 결정적으로, 위기는 또한 정치적인 각성political awakening의 순간이자 사회 변혁을 위한 기회다. 위기의 시기에 당대의 권력으로부터 지지를 거둬들이는 사람들의 수는 변화의 경계값을 넘어선다. 그들은 종전의 정치를 거부하며 새로운 사상, 조직, 동맹을 찾아 나선다. 그러한 상황에서 타오르는burning 질문은 누가, 누구의 이해관계에 서서, 어떤 목적을 향해 나아갈 것인가 하는 것이다.

전반적인 위기가 사회의 재조직화reorganization를 이끄는 이 같은 과정은 현대사에서 몇 차례 반복된 바 있고, 대개 자본에 유리한 방향으로 전개되었다. 수익성의 회복이 목적인 자본의 투사들은 경제뿐만 아니라 정치, 사회적 재생산, 비인간 자연nonhuman nature과 맺는 우리의 관계까지 다시 설정하면서 자본주의를 몇 번이고 재창조했다. 그럼으로써 계급 착취뿐 아니라 젠더 억압과 인종 억압 또한 재편했으며 (페미니스트의 것을 포함한) 반체제적인 활기rebellious energies를 1퍼센트 소수에만 압도적으로 이익이 되는 사업에 도용해 왔다.

같은 과정이 다시금 반복될 것인가? 역사적으로 1퍼센트의 특권 계급은 언제나 사회 또는 다수의 이해에 무심했다. 하지만 오늘날 그들은 특별히 위험하다. 단기적 이익만을 좇고 있는 특권층은 현 위기의 심각성은커녕 그것이 자본주의 자체의 장기적인 건전성에 가하는 위협조차 제대로 가늠하지 못한다. 미래 수익을 위한 생태학적인 전제 조건을 고민하기보다 지금 당장 석유를 굴착하길 원하는 것이다!

그 결과 지금 우리가 직면한 위기는 *우리가 익히 알다시피 삶을 위협한다.* 이를 해결하기 위한 투쟁은 사회 조직에 대한 가장 근본적인 질문을 던진다. 우리는 사회와 경제의 경계, 자연과 사회의 경계, 재생산과 생산의 경계, 가족과 일의 경계를 구분 짓는 선을 어디에 그을 것인가? 우리가 공동으로 생산하는 사회적 잉여surplus를 어떻게 사용할 것인가? 정확히, 누가, 그 사안들을 결정할 것인가? 이익 창출자들은 자본주의의 사회적 모순을 사유 재산 축적을 위한 또 다른 기회로 바꿀 것인가? 젠더 위계gender hierarchy를 재정비해서 페미니스트 저항rebellion의 중요한 가닥들을 공동의 것으로 엮을 것인가? 자본에 맞선 대중의 반란uprising은 마침내 '폭주 기관차에 몸을 실은 인류가 비상 제동기를 거는 행위'가 될 것인가? 만약 그렇게 된다면 페미니스트들은 그 반란의 선두에 설 것인가?

만일 우리에게 이 문제에 대한 발언권이 있다면, 마지막 질문에 대한 답은 '그렇다'가 될 것이다.

테제 5

자본주의 사회
에서의 젠더 억압은
사회적 재생산이
이윤을 위한 생산에
종속된 데 기인한다.
우리는 이를
올바른 방향으로
되돌리기를 원한다.

테제. 5

자본주의 사회에서의 젠더 억압은
사회적 재생산이 이윤을 위한
생산에 종속된 데 기인한다. 우리는 이를
올바른 방향으로 되돌리기를 원한다.

**Gender oppression in capitalist
societies is rooted in the subordina-
tion of social reproduction to
production for profit. We want to
turn things right side up.**

자본주의 사회가 임금 노동을 하는 대
다수 집단을 착취함으로써 사적인 이익을 축적할
권리를 극소수에 부여하는 계급 사회라는 것은 꽤

알려진 사실이다. 그보다 덜 알려진 것은 *자본주의 사회가 그 자체로 젠더 억압의 원천이기도 하다는 점이다.* 우연히 그렇게 된 것이 아니다. 성차별주의 sexism는 자본주의 구조 안에 내장되어 있다.

물론, 자본주의가 여성의 예속을 창조하지는 않았다. 여성의 예속은 앞선 모든 계급 사회에서도 다양한 형태로 존재했다. 그러나 자본주의는 새로운 제도적 구조로 보강된, 전에 없던, 두드러지게 '현대적인modern' 형태의 성차별주의를 확립했다. *자본주의가 둔 승부수는 사람을 만드는 일 making of people을 수익 산출making of profit과 분리시키고, 전자의 일을 여성에게 배정하고 다시 그 일을 후자에 종속시키는 것이었다.* 이 일격으로 자본주의는 여성의 억압을 재발명하고 전체 세계를 뒤집어 놓았다.

사람을 만드는 일이 사실상 얼마나 긴중하며 복잡한지 되새길 때 그 사악성은 분명해진다. 사람을 만드는 일은 생물학적인 의미에서 생명을 창조하고 지탱할 뿐 아니라 일할 수 있는 우리의 능력, 마르크스가 우리의 '노동력labor power'이라 부른 것을 창출하고 유지하기도 한다. 그것은 소위 '올바른' 태도attitudes와 성품dispositions과 가치values, 즉 적합한 능력abilitie, 역량competence, 기술skill을 갖춘 사람들을 빚어내는 일이기도 하다. 다시 말해 사람을 만드는 일은 인간 사회 전반을 위한, 특히 자본주의 생산을 위한 물질적, 사회적, 문화적 전제 조건을 제공한다. 그것 없이는 인간 존재 안에 생명도, 노동력도 구현될 수 없다.

우리는 이 방대한 규모의 생명 활동을 사회적 재생산이라 부른다.

자본주의 사회에서 사회적 재생산의 중추적이며 중요한 역할은 감춰지고 부정당한다. 그 자체로 인정받기는커녕 단지 수익 창출의 수단으로 취급된다. 사람을 만드는 일에 대해서는 할 수 있는 한 값을 지불하지 않는 한편, 돈을 전부이자 궁극적인 것으로 여기는 자본capital은 사회적 재생산 노동을 수행하는 이들을 자본가 밑에 예속시킬 뿐 아니라 사회적 재생산 의무를 타자들에 떠넘길 수 있는, 좀 더 혜택 받은 임금 노동자들 밑으로까지 강등시켜 버린다.

저 '타자들others'은 거의 여성이다. 자본 주의 사회에서는 *사회적 재생산 조직이 젠더에 기 반하고 있기 때문이다. 그것은 젠더 역할에 의존하 며 젠더 억압을 단단히 구축한다.* 사회적 재생산은 그러므로 페미니스트 이슈다. 하지만 계급, 인종, 섹 슈얼리티, 국가의 단층선들이 모든 면에서 그것을 관통하고 가른다. 현 위기를 해결하고자 하는 페미 니즘은 그 모든 지배의 축을 파악하고 연결하려는 시각으로 사회적 재생산을 이해해야 한다.

자본주의 사회는 항시 재생산 노동을 인종적으로 분할해 왔다. 자본주의 제도는 노예제

또는 식민주의를 통해, 아파르트헤이트 apartheid* 또는 신제국주의 neo-imperialism를 통해, 차별당하는 인종 여성들이 다수 민족 혹은 백인 '자매들 sisters'을 위해 무료 아니면 아주 낮은 비용으로 재생산 노동을 제공하도록 강제했다. 여성인 주인이나 고용주의 자녀와 가정에 한량없이 돌봄을 베풀도록 강제당한 그들은 자기 아이들과 가정을 돌보기 위해 그만큼 더 힘들게 고투해야 했다. 게다가 역사적으로 자본주의 사회는 여성의 사회적 재생산 노동을 징집해 젠더 이분법과 이성애 규범성에 복무시키려 해 왔다. 사회는 어머니, 교사, 의사들로 하여금 아이들을 시스젠더이자 이성애자로 정확히 빚어내도록 독려했다. 근대 국가들에서도 사람을 만드는 일을 국가나 제국주의의 계획을 위해 도구화하려는 시도가 빈번했다. 국가는 '올바른' 종류의 탄생을 장려하는 한편 '그른' 종류의 출산은 좌절시키며, 단순히 '사람'이 아닌 필요할 때 국가를 위해 희

● (전 남아프리카공화국의) 인종 격리 정책.

생하도록 지목할 수 있는 (가령) '독일인', '이탈리아인', 또는 '미국인'을 생산하도록 교육과 가족 정책을 설계해 왔다. 끝으로, 사회적 재생산은 본질적으로 계급적 성격을 띤다. 노동 계급 어머니와 학교는 아이들을 변변한 '노동자'로서 살아갈 수 있도록, 즉 순종적이고 상사에게 공손하며 '자기 위치'를 기꺼이 수용하고, 착취를 감내하는 사람으로 키울 것을 요구받았다. 이런 압력들은 한 번도 완벽히 작동한 적 없으며, 때로는 보기 좋게 실패로 돌아가기도 했다. 그중 일부는 오늘날 감소했다. 하지만 사회적 재생산은 분명 지배와 그에 대항한 투쟁에 깊이 얽혀 있다.

자본주의 사회의 구심점에 사회적 재생산이 존재한다는 것을 인식한다면, 더 이상 계급을 예전과 같은 방식으로 보는 것은 불가능해진다. 전통적으로 이해되어 온 것과는 달리, 자본주의 사회 안에 계급을 만드는 것은 '노동'을 직접 착취하는 관계뿐 아니라 그것을 생산 및 보급하는 관계들을 포괄한다. 세계의 노동 계급이 오로지 공장이나 광산에서 임금을 받고 일하는 사람들로만 구성되는 것은 아니다. 논밭과 살림집에서 일하는 사람들, 사무실·호텔·레스토랑에서 일하는 사람들, 병원·놀이방·학교에서 일하는 사람들, 공무를 보거나 민간 영역에서 일하는 사람들, 일자리가 불안정한 프레카리아트precariat*, 실업자, 무보수로 일하는 사람들 역시 똑같이 노동 계급의 중추다. 이성애자 백인 남성은 노동 계급을 떠올릴 때 비록 가장 진부하게 연상되는 이미지이긴 하지만, 세계 노동 계급의 대다수는 이주민, 인종 차별을 당하는 사람들, 시스 여성과 트랜스 여성 모두를 포함하는 여성들, 다른 능력을 지닌differently abled** 사람들, 자신들의 필요와 욕구가 모두 자본주의에 부인되거나 왜곡된 사람들이다.

●　불안정 노동 계급. 불안정을 뜻하는 이탈리아어인 프레카리오(precario)와 노동 계급을 가리키는 독일어인 프롤레타리아트(proletariat)를 합성한 신조어.
●●　장애인(the disabled or handicapped)에 대한 대안적 표현.

이 새로운 시각은 또한 계급 투쟁을 보는 우리의 관점을 역시 확장시킨다. 계급 투쟁은 공정 계약이나 최저 급여처럼 일터에서의 경제적 보상에만 한정된 것이 아니며 사회의 다양한 지점에서 일어나고, 노동조합이나 공식 노동자 단체를 통해서만도 일어나지 않는다. 우리에게 중요한 대목이자 현재를 이해하는 열쇠가 되는 것은 *계급 투쟁이 사회적 재생산을 두고 벌이는 투쟁 역시 아우른다는 점*이다. 보편적 의료와 무상 교육을 위한 투쟁, 환경 정의와 청정에너지에의 접근성을 위한 투쟁, 주택 공급과 대중교통을 위한 투쟁 또한 마찬가지다. 여성 해방을 위한, 인종 차별과 외국인 혐오, 전쟁과 식민주의에 반하는 정치 투쟁 역시 계급 투쟁의 중심에 놓여 있다.

갈등은 언제나 재생산 노동에 의존하면서 그 가치는 부정하는 자본주의 사회의 중심에 있어 왔다. 그러나 현재 벌어지고 있는 사회적 재생산 투쟁은 가히 폭발적이다. 가계당 임금 노동 시간을 늘리고 사회 복지 사업에 관한 국가 지원을 축소하려는 신자유주의는 가족과 지역 사회 (특히 그중에서도) 여성을 극한으로 몰고 간다. 이처럼 보편적인 몰수universal expropriation가 만연한 상황에서 사회적 재생산에 대한 투쟁은 무대의 중심에 있다. 그 싸움이 지금 사회를 뿌리부터 가지까지 전복할 잠재력을 품은 채 우리 운동의 예각을 형성한다.

테제 6

젠더 폭력은
여러 형태를 띠며,
그 모두는
자본주의적
사회관계와
뒤엉켜 있다.
우리는 맹세코
그 전부와 맞선다.

테제. 6

젠더 폭력은 여러 형태를 띠며,
그 모두는 자본주의적 사회관계와 뒤엉켜 있다.
우리는 맹세코 그 전부와 맞선다.

**Gender violence takes many forms,
all of them entangled with capitalist
social relations. We vow to fight
them all.**

전 세계 여성 3명 중 1명 이상이 살아
가면서 어떤 형태로든 성폭력gender violence을 경험
한다고 연구자들은 추정한다. 가해자들 중 상당수
는 연인이나 가족 같은 친밀한 파트너로, 여성 살

해 사건의 무려 38퍼센트를 차지한다. 신체적, 정서적, 성적 또는 그 모든 종류의 폭력으로 치닫기 쉬운 친밀한 관계에서의 폭력은 모든 국가, 계층, 인종, 민족 집단에서, 자본주의 사회를 통틀어 발견된다. *그것은 우연이 아니며, 자본주의 사회의 기본 구조에 뿌리를 둔다.*

우리가 오늘날 경험하는 젠더 폭력은 자본주의 사회 속 가족과 개인의 모순적인 역학을 반영한다. 이는 다시 사람을 만드는 일과 이윤을 창출하는 일, 다시 말해 가족과 노동을 분리하는 자본주의 제도의 본질에 기반을 둔다. 남성 연장자가 부양가족의 생사를 결정하던 과거의 친족 기반 확대 가족이 '왜소해진smaller' 남성에게 속한 근대 자본주의의 제한적 이성애 핵가족으로 전환되는 과정이야말로 중요한 국면이었다. 이 전환과 함께 친족 기반 젠더 폭력의 성격은 변모되었다. 한때는 명백히 정치적이던 것이 이제는 '사적인' 것이 되었고, 좀 더 비공식적이고 심리적인 것, 덜 합리적이고 통제 불가능한 것이 되었다. 알코올, 수치심, 자신의 지위에 대한 불안감에서 유발되는 이런 종류의 젠더 폭력은 자본주의 역사의 모든 시기에서 발견된다. 그러나 그것이 특히 맹렬하고 팽배해지는 건 위기의 시기에서다. 지위의 불안, 경제적인 불안정성, 정치적인 불확실성이 심상찮게 다가오는 시기에 젠더 질서 역시 요동친다. 일부 남성들은 여성이 '통제 선을 넘어선' 것으로, 새로운 성적 자유와 젠더 유동성을 갖춘 현대 사회를 '뒤죽박죽 어긋난out of joint' 것으로 경험한다. 아내나 연인은 '건방지고uppity', 가정은 '어수선하며disordered', 아이들은 '버릇이 없다'. 상사는 인정사정없고, 동료 직원들은 잘한 일도 없이 인정받으며, 책상은 대체 언제 사라질지 모른다. 남성들의 성적인 기량과 유혹의 힘은 못 미더운 것이 된다. 자신의 남성성이 위협받고 있다고 느낀 그들은 꽝 폭발한다.

　　　하지만 자본주의 사회의 모든 젠더 폭력이 이런 명확하게 사적이고, 비이성적인 형태를 취하지는 않는다. 다른 유형들은 하나같이 지나치게 '합리적'이다. 성차별적인 폭력을 통제 기술로 도구화하는 사례를 보라. 유색 인종 사회를 공포에 떨게 하고 지배하에 두기 위해 노예 상태의 여성과 식민지 여성에 대한 강간을 무기로 활용하는 만연한 사례들, 포주와 인신매매범들pimps and traffickers이 '길들이기 위해' 반복적으로 여성을 강간하는 것, '적군enemy'의 여성들에 대한 조직적인 집단 강간을 전쟁 무기로 삼는 사례들이 그것이다. 직장, 학교, 병원에서 이루어지는 성폭행과 성적 괴롭힘 역시 특정 목적을 위한 수단으로 활용된다. 이 경우 가해자들은 상사와 감독관, 교사와 코치, 경찰관과 교도관, 의사와 심리학자, 건물주, 군 장교 등 모두 그들이 먹잇감으로 삼는 이들에게 공권력을 발휘하는 사람들이다. 그들은 성행위를 강요할 수 있고, 일부는 실제로 그렇게 한다. 그 근원은 급여, 추천서, 이민자 신분을 박탈할지 자비를 베풀지를 정하는 고용주나 감독foreman의 뜻으로 좌지우지되는 여성의 경제적, 전문적, 정치적, 인종적 취약성에 있다. 이 폭력을 가능케 하는 것은 젠더, 인종, 계급이 뒤엉킨 위계의 구조이며, 그에 따른 결과는 체제의 강화와 정상화正常化다.

　　하나는 사적이고 다른 하나는 공적인 젠더 폭력의 이 두 형태는 사실상 그렇게 서로 분리되어 있지 않다. 젊은 남성들이 제도화된 여성 혐오misogyny를 표출하며 여성을 학대함으로써 무리 중 자신의 지위와 우쭐댈 권한을 놓고 다투는 십대의, 남학생 사교 클럽의, 운동선수들의 하위문화 같은 혼성적인 사례도 존재한다. 게다가 어떤 형태의 공적 또는 사적인 젠더 폭력은 서로를 강화하는 악순환을 만든다. 까닭은 이렇다. 자본주의는 재생산 노동을 과도하게 여성에 부여해 '생산 노동'의 세계에 동료로서 온전히 참여할 능력을 제한함으로써 대부분의 여성이 가족을 부양할 만큼의 수입을 얻을 수 없는, 장래성 없는 직업에 발이 묶이게끔 한다. 이로써 여성은 관계에서 빠져나올 능력이 줄고 입지가 약화되며, 이 공적인 불균형은 여성에게 불리한 쪽으로 '사적인' 삶에 재현된다. 그 종합적인 방식의 일차적 수혜자는 물론 자본이다. 하지만 그 효과는 우리를 이중 침해, 첫 번째는 가족이나 친분 있는 사람들의 손에, 두 번째는 자본의 집행자나 그 조력자들의 손에 시달리게 한다.

젠더 폭력에 대한 전통적인 페미니스트들의 반응은 납득은 가지만, 부적절하다. 가장 널리 보이는 반응은 범죄화 및 처벌의 요구이다. 일각에서는 '교도소 페미니즘carceral feminism'으로 불리는 이러한 입장은 법, 경찰, 법원이 젠더 폭력을 양산하는 자본주의의 뿌리 깊은 경향에 대응할 수 있을 만큼 자본주의 권력 구조로부터 자율성을 유지하고 있다는 잘못된 추정, 사실상 의문을 제기해야만 하는 문제를 당연시 여기도록 만드는 오류를 범한다. 사실상 형사 사법 제도는 화이트칼라 전문직 남성들이 제멋대로 강간과 폭력을 저지르도록 방치하는 한편, 이민자를 포함한 빈곤층 노동 계급 유색 인종 남성들을 요주의 대상으로 취급한다. 뒷수습 역시 여성의 몫이다. 감금된 아들과 남편을

면회하기 위해 먼 거리를 오가고, 가계를 홀로 부양하며, 구속의 법적·관료적 여파를 떠넘긴다. 같은 식으로 인신매매 근절 캠페인과 '성 노예화sexual slavery'를 금하는 법률은 이민자 여성들을 강간하고 부당 이득을 취한 광범위한 포주들을 내버려 두고 도리어 피해자인 여성들을 강제 추방하는 데 악용되기도 한다. 또한 교도소 페미니즘의 대응은 생존자를 위한 출구의 중요성을 간과하고 있다. 부부 강간이나 직장 내 성폭력을 형사 범죄화하는 법은 달리 갈 곳이 없고 피할 길도 없는 여성들을 돕지 못한다. 이러한 조건에서 계급과 인종에 조금이라도 민감한 페미니스트라면, 젠더 폭력에 대한 감금 목적의 대응carceral response을 마냥 지지할 수 없을 것이다.

여성주의 관료들이 권하는 '시장 기반 해법market-based solutions' 역시 적당하지 않다. 글로벌 금융 기관의 높은 자리에 앉은 치마 정장의 진보적 신자유주의자들은 남반구의 불우한 자매들에게 자영업을 시작할 수 있는 소액의 돈을 대출함으로써 그들을 폭력에서 보호하자고 제안한다. 소액 대출이 실제로 가정 폭력을 줄이거나 남성으로부터 독립하려는 여성의 힘을 실어 준다는 증거는 드물어 보인다. 그러나 한 가지 효과는 명백하다. **소액 대출은 채권자들에 대한 여성의 의존성을 증대시킨다.** 이런 식의 접근은 가난한 노동 계급 여성들의 목을 빚이라는 올가미로 옥죄며, 그 자체로 폭력이 된다.

99퍼센트의 페미니즘은 젠더 폭력에 대한 교도소 페미니즘도, 여성주의 관료의 접근도 거부한다. 우리는 자본주의 하의 젠더 폭력이 고정된 질서의 붕괴가 아닌 구조적인 조건임을 안다. 사회 질서에 깊숙이 닻을 내린 그것은 자본주의 폭력이라는 더 큰 복합체로부터 별개로 이해될 수도, 바로잡을 수도 없다. 임신과 출산의 자유reproductive freedom를 부인하는 법률의 생물 정치학적 폭력, 시장·은행·건물주·고리대금업자의 경제적 폭력, 경찰·법원·교도관의 국가 폭력, 국경 수비대·이민 제도·제국주의 군대의 초국가적 폭력, 우리의 마음을 식민화하고, 우리 몸을 왜곡하고, 우리 목소리를 침묵하게 하는 주류 문화의 상징적 폭력, 또한 우리 지역 사회와 삶의 터전을 침식해 들어오는 '느린' 환경적 폭력environmental violence의 복합체로부터 말이다.

이 복합체의 역동은 자본주의의 고질이나 다름없으나 오늘날의 위기 상황에서 급격히 악화됐다. '개인적 책임individual responsibility'이라는 미명 아래 신자유주의는 사회적 급부를 위한 공적 자금을 삭감했다. 어떤 경우 공공사업은 민영화되고 직접적인 수익원으로 전환됐다. 그 부담은 다시 개별적인 가족들에게 돌아갔고, 특히 그중 여성들이 돌봄 부담을 모두 지게 됐다. 결과적으로 젠더 폭력의 도화선에 불을 붙였다.

미국 담보 대출 시장의 붕괴는 누구보다 유색 인종 여성들을 강타했다. 가장 높은 비율로 퇴거 통지를 받은 집단이 바로 그들이었고, 노숙자가 되느냐 학대적인 관계 속에서 동거를 유지하느냐 사이에서 하나를 선택해야 하는 궁지에 몰렸다. 영국에서는 재정 붕괴에 대응해 공공사업을 대폭 줄이고, 가정 폭력 피해자 보호 시설에 대한 자금 지원을 감축했다. 카리브해 지역 국가들에서는 식량과 연료값 상승이 공공사업에 대한 공적 자금 삭감과 동시에 일어났고, 그 결과 젠더 폭력 발생률이 치솟았다. 이 같은 현상들에 따라오는 것은 '정상성'을 요구하는 징계적 프로파간다disciplinary propaganda의 확산이다. '좋은' 아내가 되어라, 출산율을 높여라는 등의 반복적 훈계는 눈 깜박할 사이 규범적인 젠더 역할과 정체성에 불응하는 이들을 향한 폭력을 정당화한다.

게다가 오늘날 반노조법anti-labor laws은 여성 노동자들에 크게 의존하는 경제 부문에서의 폭력을 심화시킨다. 멕시코의 수출 가공 지역 내의 무려 3,000곳에 달하는 마킬라도라maquiladora•에서 젠더 폭력은 노동자들의 기강을 잡는 수단으로 사용되고 있다. 공장의 상급자와 간부들은 생산성 증진과 노조 결성 방해를 명목으로 반복된 강간, 언어 폭력, 수치스런 몸 수색을 활용한다. 멕시코 산업에 뿌리내린 것처럼, 이런 관행이 노동 계급 가정을 포함해 사회 전체에 일반화되는 것은 시간문제다.

자본주의 사회에서 젠더 폭력은 독립적으로 존재하지 않는다. 반대로, 성차별적인 노동 조직과 자본 축적의 역학에 여성의 예속women's subordination까지 뒤엉킨 사회 질서 안에 깊이 뿌리박혀 있다. 이런 식으로 보면 *#MeToo* 운동이 직장 내 성범죄에 대한 저항으로 시작됐고, 할리우드 배우들에 대한 첫 연대 성명이 캘리포니아 이주민 농장 노동자들에게서 발표된 것도 새삼스러운 일이 아니다. 그들은 하비 웨인스타인이 단지 범죄자일 뿐 아니라 강력한 상사, 누가 할리우드에서 일하고 누

● 값싼 노동력을 이용해 조립·수출하는 멕시코의 외국계 공장

구는 배제할지 좌우할 수 있는 사람이라는 것을 당장 알아본 것이다.

폭력은 모든 형태로 자본주의 사회의 일상적 작동에 기능한다. 오직 야만적인 강압과 건설적인 동의의 혼합을 통해서만 체제의 좋은 시절이 유지될 수 있기 때문이다. 한 가지 형태의 폭력은 다른 것들을 멈추지 않고서는 막을 수 없다. 99퍼센트의 페미니스트들은 그 전부를 근절하겠다는 투지로 젠더 폭력에 맞선 투쟁과 자본주의 사회 안의 모든 폭력에 맞선 투쟁을, 또 그 폭력을 견고하게 지탱하는 사회 체제에 맞선 투쟁까지 연결하는 것을 목표로 한다.

FEMI

FOR

EMBRACE DIVERSITY
STRENGTH COMES FROM ALL W

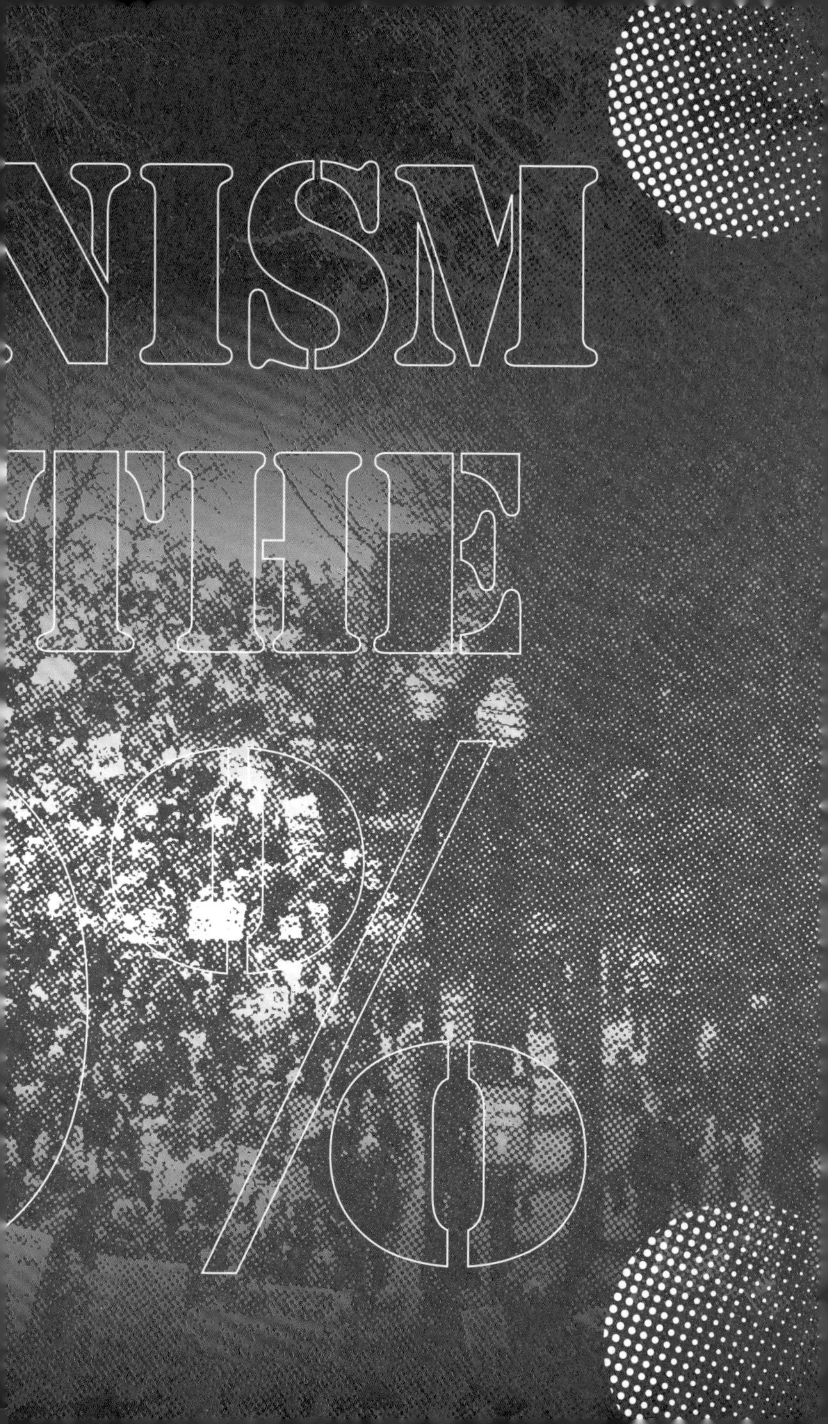
NISM
THE
%

테제 7

자본주의는
섹슈얼리티를
단속하려 든다.
우리는 그것을
해방시킬 것이다.

자본주의는 섹슈얼리티를 단속하려 든다.
우리는 그것을 해방시킬 것이다.

**Capitalism tries to regulate
sexuality. We want to liberate it.**

오늘날의 성적 투쟁은 명백히 상이한
두 개의 선택지를 제시한다. 한편에는 반동 세력이
서 있다. 다른 편에는 성 해방을 부르짖는 세력이
있다. 반동주의자들은 변함없는 가족의 가치 또는
신의 계율을 훼손하는 성적 행동들을 법으로 금하
고 싶어 한다. 자신들이 믿는 저 영속적인 원칙들

을 지켜 내려는 결의로, '간통을 한 자'들에게 돌을 던지고 레즈비언들을 회초리로 후려치거나 게이들에게 '전환 치료conversion therapy'를 받게 하려 한다. 반대로 자유주의자들은 성적 반체제 인사들과 성 소수자들sexual dissidents and minorities의 법적 권리를 위해 싸운다. 한때는 터부시되었던 관계와 경멸당했던 정체성을 공인公認하면서, 동성 결혼marriage equality과 LGBTQ+ 군인의 입영과 진급을 지지하고 나선다. 전자가 가부장제, 동성애 혐오, 성적 억압 같은 퇴행적 고풍regressive archaisms*의 갱생을 추구하는 반면, 후자는 개별적인 자유, 자기표현, 성적 다양성이라는 현대성을 상징한다. 둘 중 하나를 선택하는 것은 식은 죽 먹기no-brainer 아닌가?

그렇지만 현실에서는 전자도 후자도 언뜻 보이는 것과 다르다. 우리가 오늘날 맞닥뜨리는 성적 권위주의authoritarianism는 고풍스러운 것이 절

● 　고문체古體. 아르카이슴. 예스러운 표현이나 문체.

대 아니다. 영원성의 신적 계율 또는 오래 전부터 전해 내려오는 관습으로 제시된, 그 권위주의가 확립하려고 하는 금지 규정들은 사실상 '신전통주의적neo-traditional'이다. 다시 말해 자본주의적인 발달상에 대한 반동적 대응이며 그 반대 대상만큼 현대적일 수밖에 없다. 마찬가지로 자유주의적인 반대파들이 약속하는 성적 권리들 역시 현대성의 자본주의적인 형태를 전제로 하는 관점에서 착안된다. 진정한 해방을 가능하게 하는 대신 정상화하는 normalizing 축이며, 국가 통제주의statist이고 소비 지상주의consumerist인 것이다.

현재의 모습이 된 까닭을 알기 위해서는 이 대립의 계보를 살펴야 한다. 자본주의 사회는 언제나 섹슈얼리티sexuality를 단속해 왔지만 그 수단과 방법은 역사적으로 다양했다. 체제 초창기, 즉 자본주의의 관계망이 빈틈없이 확립되기 전에는 (특히 교회와 지역 사회를 위시한) 기존 권위가 사악한 성性과 용인 가능한 성을 구분하는 규범을 수립하고 집행하는 일을 맡았다. 이후로, 자본주의가 사회 전체를 재형성하기 시작하면서 국가가 승인한 젠더 이원론과 이성애 규범성을 포함한 새로운 부르주아 규범과 통제 수단이 배양됐다. 젠더와 섹슈얼리티에 대한 이 '현대적인' 규범은 자본주의의 메트로폴Metropol*이나 부르주아bourgeois**계급에 갇히지 않고 식민주의를 거치고 대중문화를 통과하며 널리 확산되었고, 공공의 수급 기준을 가족 기반으로 선정하는 등 억압적이고 행정적인 국가 권력에 의해 폭넓게 시행되었다. 그러나 이에 대한 도전이 없었던 것은 아니다. 이러한 규범들은 낡은 성적 체제뿐만 아니라 특히 도시에서, 게이 레즈비언 하위문화와 전위적인 해방구avant-garde enclave들에서 체현된 성적 자유를 위한 한층 더 새로운 야망과도 충돌했다.

● 19세기 말 오스트리아 빈에 세워졌던 호텔. 2차 세계 대전 중이던 1938년 게슈타포의 빈 본부로 사용되었고, 많은 유대인들이 그곳에 감금돼 심문과 고문을 받음.

●● 프랑스어 'Bourg'는 성城을 의미하는 바, 성 안에 거주하는 부유한 자들이란 뜻. 생산 수단을 소유하지 못한 무산 계급proletariat에 대한 반동적인 자의식을 가진 유산 계급.

이후의 전개는 그 배치를 재구조화했다. 1960년대의 여파*로 부르주아 물결은 잠잠해진 한편, 해방주의자liberationist들의 물줄기는 자신이 기원한 하위문화를 넘어서 주류로 치달았다. 그 결과 두 물결의 지배적인 부분들이 *한때 터부시됐던 성의 형태들을 국가 규제 영역 내에서 개인주의와 가정생활domesticity, 상품 소비를 장려하는 등 자본 친화적인 구실로 일반화하는* 새 프로젝트로 점차 뭉치고 있다.

새로운 구성 뒤에 숨은 것은 자본주의 본질의 결정적인 변화다. 점차 금융화 글로벌화 탈가족화된 자본은 더 이상 퀴어와 비非 시스젠더 집단을 완강히 반대하지 않는다. 거대 기업들도 더 이상 유일무이한 규범적인 가족 형태나 성을 주장하지 않는다. 많은 기업들은 이제 직장에서든 매장에서든 규칙을 지킨다는 전제하에 적잖은 직원들이

● 차별, 폭행, 굴욕 등을 당한 유색 인종과 여성, 성소수자들의 분노와 저항 운동이 대규모로 증폭된 것은 1960년대였음.

이성애적인 가족 밖에서 사는 것을 허용하고 있다. 시장에서도 역시 성적 불일치는 광고 이미지, 제품 라인, 라이프 스타일 상품, 미리 포장된 즐거움으로서 역할을 찾는다. 섹스는 자본주의에서 팔리고, 신자유주의는 그것을 여러 맛으로 상품화한다.

섹슈얼리티를 두고 벌어지는 오늘날의 투쟁은 급성장하는 퀴어와 페미니스트의 움직임 안에서, 젊은이들 사이 젠더 유동성gender fluidity이 폭발하는 시기에 무대로 올랐다. 현재는 또한 공식적인 성 평등, LGBTQ+ 권리, 동성 결혼 등을 포함해 뜻깊은 법적 명기明記가 이루어지는 승리의 시기이기도 하다. 이런 승리들이 비록 신자유주의와 관련된 중대한 사회 문화적 변화가 반영된 현상일지라도, 힘든 싸움의 결실임에 분명하다. 그럼에도 그 승리는 본질적으로 취약하고 끝없이 위협받는다. 새로운 법적 권리가 LGBTQ+ 사람들에 대한 공격을 종식시키지는 못하며, 성폭력과 상징적 오인誤認, 사회적 차별은 계속 이어진다.

사실상 금융화된 자본주의는 막대한 백래시backlash•를 부채질하고 있다. '정당한 남성 소유자'들로부터 여성 섹슈얼리티를 절도한 데에 대한 복수로 여성을 살해하는 것은 그저 '인셀incel••'들만이 아니다. 가차 없는 개인주의, 무신경한 소비주의, '악덕vice'으로부터 여성과 가족을 보호하자고 제안하는 것은 그저 열성 반동분자card-carrying reactionary들뿐만 아니다. 시장의 유린으로부터 가족과 사회를 보호하지 못한 것을 포함한 자본주의 모더니티의 진짜 단점들을 지목함으로써 대중의 지지를 얻고 급성장 중인 우익 포퓰리스트right-wing populist 운동 역시 반동이다. 신전통주의와 우익 포퓰리스트 세력 양측 모두 타당한 불평을 비틀어 자본이 충분히 감당할 만한 수준의 대립을 부채질한다. 이는 성적 자유에 죄를 뒤집어씌우면서 진정한 위기의 원인, 즉 자본은 시야에서 지우고자 하

● 역풍. 사회 정치적 변화에 대해 나타나는 반발 심리 및 행동을 이르는 말.
●● 비자발적 독신involuntary celibate의 줄임말. '인셀'의 온라인 하위문화는 여성 혐오적임.

는 '방어protection'태세인 것이다.

성적 반동은 성적 자유주의sexual liberalism에서 거울 이미지를 본다. 가령 트랜스젠더의 권리를 인정한다고 주장하는 국가조차 성전환 수술 비용 부담은 거부하는 것처럼, 최상의 시나리오에서조차 새로운 공적 자유를 실현하기 위해 필요한 사회적·물질적 전제 조건의 대다수를 지운다.

성적 자유주의는 또한 게이 레즈비언을 받아들이는 데에 대한 값인 순응conformity, 즉 일부일처제 가족을 정상화하고 강화하는 국가 중심의 규제 체제에 매여 있다. 성적 자유주의는 일견 개인의 자유를 숭고하게 여기는 듯 비치지만 사회적 재생산에서 가족의 역할과 같은 동성애 혐오homophobia와 트랜스 혐오transphobia를 부채질하는 구조적 조건을 제지 없이 내버려 둔다.

가족 밖에서도 마찬가지로 성적 해방이

라 통하는 것들은 종종 자본주의적 가치를 재활용한다. '혹 업hook-up'과 온라인 데이팅에 기반을 둔 새로운 이성애 문화는 젊은 여성들이 자신의 섹슈얼리티를 '소유own'하게 하지만 남성에 의해 정의된 기준으로 외모를 평가하게 만드는 것은 여전하다. 신자유주의 담론은 '자기 소유권self-ownership'을 촉구하는 한편, 남성의 성적 이기주의를 어쩔 수 없는 자본주의적인 세태로 허가하면서 여성이 남성을 즐겁게 해 주도록 압력을 가한다.

마찬가지로 새로운 형태의 '게이 정상성gay normality'은 자본주의하의 정상성을 앞서 상정한다. 최근 떠오르는 게이 중산층은 많은 나라에서 그들의 소비 방식과 존중할 만한 태도로 정의된다. 이들 계층의 수용은 가난한 퀴어들, 특히 유색 인종 퀴어의 계속적인 소외 및 억압과 공존할 뿐 아니라 권력자들이 "생각도 행실도 바른" 게이들에 대한 수용을 자신들의 제국주의 및 신식민주의neo-colonial 프로젝트를 정당화하기 위한 변명으로 삼는다는 점에서 '핑크워싱Pinkwashing'과 관련이 있기도 하다. 가령 이스라엘 국가 기관은 자신들의 '우월하며 게이 친화적인gay-friendly' 문화를 '후진적이며 동성애 혐오적인' 팔레스타인인Palestinian들에 대한 지배를 정당화하기 위한 명분으로 삼는다. 마찬가지로 일부 유럽 자유주의자들은 비非 무슬림 성권위주의자들에게 자유 통행권을 주면서 무슬림을 무조건 반동과 동일시하는 식으로 LGBTQ+에 대한 그들 자신의 '계몽된 관용enlightened toleration'을 무슬림에 대한 적의를 정당화하기 위해 소환한다.

결론은 오늘날의 해방 운동이 두 암초 사이에 걸려 있다는 것이다. 한편에서는 여성과 LGBTQ+ 사람들을 종교적인 또는 가부장제 지배 하에 내몰고, 다른 한편에서는 우리를 포식자 자본의 저녁 서빙 접시 위에 올려놓는다. 99퍼센트를 위한 페미니스트들은 이 양자택일 싸움을 거부한다. 신자유주의의 포섭과 신전통주의의 성소수자 혐오 및 여성 혐오를 둘 다 거부함으로써, 1969년

뉴욕에서 있었던 스톤월 항쟁Stonewall uprising의 급진적인 정신, 알렉산드라 콜론타이Alexandra Kollontai [•] 로부터 게일 루빈Gayle Rubin [••]에 이르는 페미니즘의 '성 긍정sex-positive' 정신, 1984년 영국 광부 파업British miner's strike을 레즈비언 게이 커뮤니티가 지지했던 역사의 정신을 잇기를 기대한다. 우리는 출산과 규범적인 가족 형태뿐만 아니라 젠더, 계급, 인종의 구속으로부터 국가 통제주의와 소비주의의 기형으로부터 섹슈얼리티를 해방시키기 위해 싸운다. 그럼에도 우리는 이 꿈을 실현하기 위해서 성적 해방의 물질적인 기반을 보장하는, 그중에서도 더 넓은 범위의 가족들과 개인의 관계를 위해 새로 디자인한, 사회적 재생산을 위한 공공의 넉넉한 지원이 보장되는, 새 비자본주의 사회 형태를 창조해야 한다는 것을 안다.

●　알렉산드라 콜론타이(Alexandra Kollontai, 1872~1952). 러시아 출신의 마르크스주의 페미니스트. 자유주의 페미니즘을 부르주아적이라 비난했으며, 여성 해방은 "새로운 사회 질서와 전혀 다른 경제 제도의 승리라는 결과로서만 일어날 수 있다"고 굳게 믿음.

●● 게일 루빈(Gayle Rubin, 1949-). 젠더 정치 이론가 겸 활동가로 널리 알려진 미국 문화 인류학자. 1984년에 발표한 에세이 『성을 생각하다Thiking Sex』는 게이 레즈비언 연구, 섹슈얼리티 연구, 퀴어 이론의 기초가 되는 텍스트로 여겨지고 있음.

테제 8

자본주의의 태생은
인종 차별과
식민주의적인
폭력이다.
99퍼센트의
페미니즘은
반인종주의이며
반제국주의다.

테제. 8

자본주의의 태생은
인종 차별과 식민주의적인 폭력이다.
99퍼센트의 페미니즘은
반인종주의이며 반제국주의다.

**Capitalism was born from racist and
colonial violence. Feminism for the
99 percent is anti-racist and
anti-imperialist.**

'인종race'은 과거 격심한 자본주의 위기
의 때에 그랬던 것처럼, 오늘날 격앙되고 극렬한 논
란에 휩싸인 뜨거운 이슈가 되었다. 분개한 다수
majorities를 대변한다고 자칭하는 선동가들, 과격할 정도로 종족 민족주의적인 우익 포퓰리스트들은 목이 터져라 외쳐대는 유럽인과 백인 우월주의자의 편에 서서 인종 담론에 '한낱' 휘파람 소리만을 분다. 비겁한 중도주의Craven centrist 정부들은 노골적인 인종 차별주의 정부들과 합세해 이민자들과 난민의 입국을 가로막고, 아이들을 억류하며, 가족을 갈라놓고, 난민 수용소에 구금하거나 바다에서 익사하게 둔다. 한편 브라질 미국 곳곳의 경찰들은 활개를 치며 유색 인종 살해를 이어가고, 법정은 기록적인 규모로 많은 수의 유색 인종을 장기간 영리 교도소for-profit prisons에 가둬 놓는다.

이런 전개에 다수가 분개하면서 일부는 저항을 시도해 왔다. 독일 브라질 미국을 위시한 곳곳의 운동가들은 인종 차별적 경찰 폭력과 백인 우월주의자들의 시위에 맞서기 위해 대거 거리로 뛰쳐나왔다. 어떤 이들은 투옥의 종식과 미국 이민세관 단속국(ICE)의 철폐를 요구하며, '폐지abolition'라는 말을 노예 제도 폐지에서 국경 감시 제도 폐지로 다시 쓰기 위해 투쟁하고 있다. 그럼에도 많은 반인종주의 세력은 도덕적 비난 이상 개입하지 않는다. 또 다른 이들은 불장난을 선택한다. 우익을 '끌어들여' 이민에 반대하는 유럽 좌파 세력의 물결을 보라.

모두가 그렇듯이 페미니스트들 역시 어느 한쪽을 지지해야 할 상황이다. 그러나 역사적으로 인종 문제에 관한 주류 페미니스트의 입장은 착잡한 기록을 남겼다. 영향력 있는 미국의 백인 여성 참정권 운동가suffragist들은 남북 전쟁 이후 흑인 남성에게 투표권이 주어지고, 그들은 제외되자 노골적인 인종주의적 불평을 쏟아냈다. 동일한 시기, 또한 20세기에 접어들어서도 선도적인 영국 페미니스트들은 인도 식민 통치가 '갈색 피부의 여성들을 비참한 조건에서 구제하기raise up brown women from their lowly condition' 위해 필요했다는 식으로 인종 차별적인 뉘앙스의 '문명화civilization' 근거로 옹호했다. 심지어 오늘날에도 유수의 유럽 페미니스트들은 유사한 맥락에서 반反이슬람 정책을 정당화한다.

인종주의와 페미니즘의 역사적으로 얽히고설킨 관계는 또한 '미묘한subtler' 형태를 취해 왔다. 자유주의 페미니스트들과 급진주의 페미니스트radical feminist들은 노골적으로나 의도적으로 인종 차별주의를 내세우지 않았음에도 '성차별주의'와 '젠더 이슈'를 하나 같이 백인 중산층 여성이 처한 상황을 보편화하는 방식으로 정의했다. 젠더를 인종(과 계급)에서 분리시킨 그들은 마치 우리 모두가 도시 근교에 사는 중산층 주부인 양 가사 노동으로부터 벗어날 여성의 요구, '출근해 일하는go out to work' 것에 대한 여성의 요구를 우선시한 것이다! 미국의 주류 백인 페미니스트들 역시 같은 논리로 흑인 여성들이 진정한 페미니스트가 되는 유일한 길은 흑인 남성들과의 반인종주의 연대보다 상상된 후기인종적post-racial 혹은 비인종적non-racial 자매애를 중시하는 것이라 주장해 왔다. 그런 관점들의 밑바닥이 드러나고 점차 많은 페미니스트들이 이를 거부하게 된 것은 유색 인종 페미니스트들의 수십 년에 걸친 단호한 거부 덕분이었다.

99퍼센트를 위한 페미니스트들은 부끄러운 역사를 솔직하게 인정하며 그로부터 단호하게 결별할 것을 다짐한다. 우리는 *'여성 해방women's liberation'이라는 이름에 걸맞은 것은 그 무엇도 인종 차별주의·제국주의 사회에서 성취될 수 없다*는 것을 안다. 하지만 우리는 또한 문제의 뿌리가 자본주의이며, 인종 차별주의와 제국주의는 그 일부라는 것을 안다. '무급 노동'과 '임금 협상the wage contract'을 자랑하는 이 체제는 식민지에 대한 맹렬한 약탈, 아프리카에서 벌인 '검은 피부에 대한 상업적 사냥', 흑인들에 대한 '신세계New World' 노예로의 강제 징집, 원주민에 대한 강탈에 기대어 시작되었다.

그러나 자본주의가 일단 궤도에 올랐음에도, 자유가 없거나 종속된 사람들에 대한 몰수가 중단되기는커녕 '무급 노동'에 대한 수익성 좋은 착취를 가능케 하는 숨은 조건으로 작동했다. 무급으로 착취당하는 '노동자'와 종속되어 몰수당하는 '타자들' 간의 구분은 자본주의 역사를 통해 노예제도, 식민주의, 인종 분리 정책, 국제 분업 등 다양한 형태를 취해 왔고, 때로는 그 경계가 희미해지기도 했다. 하지만 어떤 시기에도 이 경계선은 대강 세계의 피부색 경계와 일치했다. 또한 현재를 포함한 전 시기에 격하된 인종을 몰수하는 자본은 이를 빌미로 자연 자원과 인간 역량을 몰수하되 그 재충전과 재생산에는 비용을 지불하지 않음으로써 이익을 늘려 왔다. 자본주의는 구조적인 이유에서 언제나 차별당하는 인종을 창출해 왔고, 그들의 인간성과 노동은 가치 절하되었으며, 몰수의 대상이 되었다. *그러므로 진실로 반인종주의·반제국주의 페미니즘은 또한 반자본주의적이어야 한다.*

이러한 명제는 인종 차별적인 제안이 급속도로 전개되는 지금 그 어느 때보다 참이다. 오늘날 신자유주의적 자본주의는 부채를 통해 강탈을 강화하며 세계 전역에서 인종 차별적 억압을 조장하고 있다. '탈식민postcolonial' 남반구 국가들에서는 부채로 촉발된 기업의 토지 횡령이 수많은 원주민과 부족민들을 그들의 땅으로부터, 극단적인 경우 삶으로부터 쫓아낸다. 동시에 국가 부채의 '구조 조정restructuring'은 GDP 대비 이자율을 폭등케 하고, 독립성을 담보로 잡힌 국가들로 하여금 사회 지출을 삭감케 내몰며, 남반구 국가의 미래 세대 노동자들이 그들의 노동 중 점점 더 큰 몫을 글로벌 대출업자들에게 흘러가는 상환금으로 바치게 만든다. 이런 식으로 인종 차별적인 징발은 수많은 제조 공정을 남반구에 이전하면서 착취의 증가와 함께 지속되며 한데 뒤얽힌다.

북반구에서도 억압은 속도를 내고 있다. 저임금이며 불안정한 서비스 노동이 노동조합을 둔 산업 노동을 대체함에 따라 임금은 인간적인 삶을 살기 위해 필요한 최저 수준 이하로 떨어지며, 특히 차별당하는 인종의 노동자들이 주를 이루는 직업에서 더욱 그러한 경향을 띤다. 노동자들은 생존을 위해 겸직에 겸직을 감당하고, 미래의 임금을 담보로 대출을 받도록 떠밀릴 뿐 아니라 초超착취적인 소액 단기 대출과 주택 담보 대출의 타깃이 된다. 공적으로 제공되던 서비스들이 가족과 지역사회, 주로 소수 민족과 이민자 여성들에게 떠넘겨짐에 따라 사회 임금social wages 역시 추락 중이다. 마찬가지로 이전에는 공공 기반 시설에 투자됐던 세금 수익tax revenue들도 채무 상환에 쓰이며, 학교와 병원, 주택과 대중교통, 깨끗한 물과 공기 공급을 위한 공적 자금의 수혜를 제대로 받지 못한 지오래인 유색 인종 지역 사회에 특히 처참한 영향을 끼친다. 모든 수준에서, 또 모든 지역에서 금융화된 자본주의는 인종 차별적 몰수expropriation의 새로운 파고를 높인다.

　　이 글로벌 피라미드 구조의 폐해는 젠더 차별적이기도 하다. 현재 수백만 흑인 및 이민자 여성들은 돌보미나 간병인, 가정 관리사로 채용되고 있다. 이들은 종종 밀입국자undocumented 신분으로 가족과 멀리 떨어져, 저임금 불안정 고용 상태로 아무 권리도 인정받지 못하고 각종 학대에 노출된 채 노동하도록 내몰리고 있다. 착취와 동시에 몰수의 대상이 된 것이다. 전 세계에 걸친 돌봄 노동 사슬로 단단히 얽힌 이 억압은 특권층 여성들이 (일부) 가사 노동을 피할 수 있게, 만만찮은 전문직 경력을 쌓을 수 있도록 해 준다. 그렇다면 특권을 가진 여성들privileged women 중 일부가 흑인 남성들을 강간범으로 투옥하라는, 이민자와 무슬림을 박해하라는 동시에 흑인과 무슬림 여성에게 지배 문화에 흡수되라는 정치 운동을 요구하며 여성의 권리를 들먹인다면 얼마나 아이러니한 일인가!

진실로 인종 차별주의, 제국주의, 민족주의는 일반화된 여성 혐오와 모든 여성 신체에 대한 통제에 힘을 실어 주는 근본적인 지지대다. 그것은 우리 전부를 해하며 따라서 우리 모두는 전력을 다해 그것과 싸워야 한다. 하지만 '전 지구적 자매애global sisterhood'라는 추상적인 선언은 역효과과를 초래한다. 실상 정치적 과정의 최종 목표인 것을 마치 처음부터 주어진 것 마냥 다룸으로써 동질성 homogeneity에 대한 그릇된 인상을 전달한다. 자본주의 사회 안에서 우리 모두가 여성 혐오적인 억압에 시달리는 것은 사실이지만, 그 억압은 서로 다른 형태를 가지고 있다. 항상 그 즉시 보이진 않는 억압 형태들 사이의 연결 고리는 정치적으로, 다시 말해 연대를 결성하기 위한 노력 안에서 밝혀져야 한다. 오직 이런 방식으로, 우리의 다양성을 통해 투쟁함으로써만, 우리는 사회를 변화시키기 위해 필요한 힘의 결집에 도달할 수 있다.

테제 9

99퍼센트의
페미니즘은
자본의
지구 파괴를
되돌리기 위해
싸우는
생태-사회주의다.

99퍼센트의 페미니즘은 자본의 지구 파괴를
되돌리기 위해 싸우는 생태-사회주의다.

**Fighting to reverse capital's
destruction of the earth, feminism
for the 99 percent is eco-socialist.**

오늘날 자본주의의 위기는 또한 생태적
인 위기이다. 자본주의는 항시 자연 자원이 무료이
고 무한한 양 노골적으로 징발함으로써 이익 증대
를 꾀해 왔다. 다시 채워야 할 필요를 완전히 무시
한 채 자연을 도용하도록 구조화된 자본주의는 토

양을 불모로 만들고, 광물 자원을 고갈시키며, 물과 공기를 오염시키는 등 그 자체로 가능성의 생태적 조건인 자연을 주기적으로 불안정하게 만든다.

오늘날의 생태적 위기가 자본주의 역사에서 처음 있는 일은 아니지만, 지금의 위기는 분명 그 어떤 시대보다 전 지구적이고 절박하다. 지구를 위협하고 있는 기후 변화climate change는 자본이 그 특유의 대량 생산 공장들을 돌리기 위해 화석 연료에 의존한 역사의 직접적인 결과물이다. 지각地殼 밑에서 수백만 년 동안 형성된 탄화 퇴적물을 추출한 것은 *'인류humanity' 일반이 아니라 자본*이었다. 그리고 천연자원의 재충전이나 오염, 온실가스 배출의 영향에 대해서는 일절 무시한 채 눈 깜박할 사이에 그것들을 소비해 버린 것도 *자본*이었다.

석탄에서 석유로, 다시 프래킹fracking•과 천연가스로 옮겨간 결과로 탄소 배출은 증가했고, 그 '외부 효과externalities'들은 북반구와 남반구의 유색 인종 사회를 위시한 빈곤한 지역 사회에 불균등하게 떠넘겨졌다.

오늘날의 생태 위기는 직접적으로 자본주의와 관련이 있으며, 그것은 또한 여성 억압을 재생산하고 악화시킨다. 기후 난민의 최대 80퍼센트는 여성이며, 현 생태 위기의 최전선에서 여성들이 생활하고 있다. 남반구 국가들에서 농촌 노동 인구의 압도적인 다수를 차지하는 동시에, 심지어 사회적 재생산 노동의 대부분에 대한 책임까지 짊어지는 것이다. 가족을 위한 음식, 의복, 거처를 제공하는 일을 주로 맡은 탓에 여성들은 가뭄, 오염, 대지의 과잉 개발overexploitation에 대처하는 데 누구보다 깊이 관여하게 된다. 마찬가지로 북반구의 가난한 유색 인종 여성들은 불균형적으로 취약한 위치에 처해 있다. 환경적인 인종 차별에 시달리는 그들은

● 수압 균열법의 영어 표현인 hydraulic fracturing의 줄임말로 물, 화학 제품, 모래 등을 혼합한 물질을 고압으로 분사해서 바위를 파쇄해 석유와 가스를 분리해 내는 공법. 프래킹 기술에 사용되는 화학 물질이 지하수와 토양을 오염시킬 수 있다는 우려가 커지면서 환경 보호 기준을 높임.

홍수와 납 중독lead poisoning이 만연한 지역 사회를 구성하고 있다.

여성들은 또한 위력을 더해가는 생태 재앙에 대항하는 고투의 최전선에 있다. 수십 년 전 미국에서는 투쟁적인 좌파 그룹인 '평화를 위한 여성 파업Women Strike for Peace'이 방사성 낙진落塵으로 우리의 뼛속에 스트론튬-90**을 흡수시키는 핵 무기에 대한 반대를 부르짖었다. 오늘날 미국의 여성들은 다코타 액세스 송유관Dakota Access Pipeline 건설에 대항한 물 지킴이Water Protector***들의 싸움에서 선봉에 섰다. 페루에서는 환경 운동가 막시마 아쿠나Maxima Acuna가 미국 금광 채굴계의 거물 뉴몬트에 대항해 승리를 거둘 수 있도록 여성들이 한 몫을 했다. 인도 북부의 가르왈리족Garhwali 여성들은 세 곳의 수력 발전 댐 건설 사업에 맞서 싸우고

●● Strontium-90. 핵분열로 생기는 질량수 90인 방사성 동위 원소로 반감기는 28년. 인체 내에 들어오면 잘 배출되지 않아 매우 위험한 물질임.
●● "물은 생명이다."를 외치며 노스다코타 주 스탠딩 락 아메리카 원주민들이 송유관
● 건설 반대 관련 천막 농성을 벌이자 이에 여성 생태주의자들이 연대한 일.

있다. 전 세계에서 여성들은 물과 종자seed의 민영화privatization에 대항하는 무수한 투쟁, 생물 다양성 보존과 지속 가능한 농업을 위한 투쟁을 이끈다.

그 모든 사례에서, 여성들은 '자연nature'에 대한 방어와 인간 사회의 물질적인 안녕을 대치되는 것으로 여긴 주류 환경주의자들의 경향에 도전하는 새로운 통합된 투쟁 형태의 모범을 선보였다. 여성이 이끄는 운동은 생태적인 사안을 사회적 재생산 문제와 분리하기를 거부한다. 지구 온난화를 멈추겠다면서 크게 하는 일 없이 '배출 허가emissions permits', '생태계 서비스ecosystem services', '탄소 상쇄권carbon offsets', '환경 파생 상품environmental derivatives'에 투자하는 이들만 배불리는 '녹색 자본가green capitalist' 프로젝트에 대한 강력한 반자본주의적 대안을 대변하고 있는 것이다. 자연을 양적 추상화의 찝찝한 공기로 흐려 놓는 '녹색 금융green finance' 프로젝트와 달리 여성들의 투쟁은 사회 정의, 인간 사회의 안녕, 비인격 자연의 지속 가능성이 불가분으로 한데 엮여 있는 실제 세계에 초점을 맞춰 진행된다.

여성 해방과 생태 재앙으로부터 지구를 보호하는 일, 자본주의의 극복은 함께 손을 잡고 나아간다.

테제 10

자본주의는
현실 민주주의,
그리고 평화와
함께 갈 수 없다.
우리의 답은
국제주의
페미니즘이다.

테제. 10

자본주의는 현실 민주주의,
그리고 평화와 함께 갈 수 없다.
우리의 답은 국제주의 페미니즘이다.

**Capitalism is incompatible with real
democracy and peace. Our answer
is feminist internationalism.**

현재의 위기는 또한 정치적이다. 한때
민주 국가라 자처했던 나라들은 교착 상태에 의해
마비되고 글로벌 금융에 다리가 묶인 채, 공익에
관한 문제는 고사하고 긴급한 문제도 전혀 해결하
지 못한다. 대부분은 해결책을 찾을 길을 공공연하

게 막지는 않되, 기후 변화와 금융 개혁에 도박을
건다. 기업 권력에 억류되고 부채로 쇠약해진 정부
들은 점점 더 그들의 국민에게 중앙은행과 국제 투
자자들, IT 거물, 에너지 부호energy magnate, 무기 상
인war profiteer들의 곡조에 춤추는 자본의 시녀로 비
치고 있다. 세계 전역의 수많은 사람들이 중도 좌
파를 포함해 신자유주의를 부양해 온 주류 정당과
정치가들을 포기한 것은 놀라운 일이 아니다.

　　　정치 위기는 자본주의 사회의 제도적
구조에 뿌리를 두고 있다. 이 체제는 '정치적인 것'
을 '경제적인 것'으로부터, 국가의 '합법적 폭력legit-
imate violence'을 시장의 '무언의 강요silent compulsion'로
부터 구분한다. 그 여파는 사회적 삶의 방대한 부
분을 민주적인 통제 밖에 놓고, 이를 직접적인 기
업 지배 밑으로 넘기는 것이다. 그러므로 자본주의
는 그 자체의 구조의 힘으로 우리에게서 정확히 무
엇을 얼마나 많이 생산할 것인가, 어떤 에너지 기반
에서 어떤 사회적 관계들을 통해 그렇게 할 것인가

를 집단적으로 결정할 능력을 빼앗는다. 또한 우리가 전체로서 생산한 사회적 잉여를 어떻게 사용할지, 자연 및 미래 세대와 어떤 관계를 맺을지, 사회적 재생산 노동과 생산의 관계를 어떻게 조직화할 것인가를 결정할 권한을 우리로부터 강탈한다. 자본주의는 한 마디로 근본적으로 반민주적이다.

동시에 자본주의는 필연적으로 제국주의적인 세계 지리를 생성한다. 이 체제는 북반구 강국들에게 더 약한 나라들을 속일 수 있는 권한을 부여하고, 편파적인 무역 체제를 통해 약소국들로부터 경제적 가치를 뽑아낼 수 있게 하며, 부채로 무너뜨릴 수 있게 하고, 군사 개입과 '원조aid'의 중단으로 그들을 위협할 수 있도록 권한을 부여한다. 그 결과 세계 인구의 다수에 대한 정치적인 보호는 받아들여지지 않는다. 남반구 국가 수십억 사람들의 민주적인 열망은 끌어들일 가치조차 없는 것으로 여겨진다. 그들은 간단히 무시당하거나 잔인하게 억압될 수 있다.

자본은 모든 곳에서 양다리를 걸치려 시도한다. 한편으로는 공권력public power을 거저 쓰고, 사적 재산을 확보할 법적 제도와 반대를 제압할 수 있는 탄압적인 힘을 유용하며, 축적에 필요한 기반 시설과 위기 조율의 임무를 맡은 규제 기관들을 자유롭게 착복한다. 다른 한편으로 이익에 대한 갈증은 주기적으로 자본가 계급의 일부 집단을 유혹해, 그들이 시장에 비해 열등하다며 험담하고 약화시키고자 계략을 꾸미는 공권력에 맞서도록 꾄다. 그 같은 단기적인 이해가 장기적인 생존을 능가할 때, 자본은 스스로의 꼬리를 무는 호랑이의 형태를 취한다. 생존을 위해 스스로 의존하고 있는 바로 그 정치 제도를 파괴하려 드는 것이다.

심지어 좋은 시절에도 발현되는, 정치적 위기를 만드는 자본주의의 경향은 이미 극에 달했다. 현재의 신자유주의 정권은 그에 맞서는 어떤 공권력이나 정치 세력도 버젓이 목표물로 삼으며, 예컨대 2015년 그리스에서처럼 긴축 정책을 거부

하는 선거와 국민 투표를 무효화하거나, 2017-18
년 브라질에서처럼 세력화를 막음으로써 군사 무
기뿐만 아니라 부채라는 무기 또한 공공연히 휘두
르는 것이다. 세계 전역에서 주요 자본주의 이해관
계자(거대 과일 회사, 거대 제약 회사, 거대 석유 기
업, 거대 무기 회사)들은 구조적으로 권위주의와 억
압을, 쿠데타와 제국주의 전쟁을 부추긴다. 자본주
의라는 이 사회 제도는 그 열성 지지자들의 주장
에 직접적으로 반기를 들어 구조적으로 민주주의
와 공존 불가능하다는 것을 드러내 보인다.

　　　자본주의에 의한 현 정치 위기의 주요
피해자 또한 여성이다. 여성들은 또한 해방 결의
emancipatory resolution를 위한 투쟁에서 주연을 맡고
있기도 하다. 그러나 단순히 권력의 성채 안에 더
많은 여성을 앉히는 것이 우리의 해법은 아니다. 우
리는 공적 영역에서 오랫동안 배제돼 왔고, 성폭행
과 성적 괴롭힘 같은 문제에 대해 의견을 표하기 위
해 필사적으로 싸웠지만, 우리의 의견은 관례처럼

'사적인private' 것으로 무시되어 왔다. 그러나 아이러니하게도 우리의 주장은 스스로를 자본에 호의적인 쪽으로 굴절시킨 엘리트 '진보주의자progressive들'에 의해 복화술로 발화될ventriloquize 때가 많다. 그들은 우리가 그들과 동질감을 갖도록 청하고, 우리에게 그들이 권력 있는 위치에 오른 것을 마치 그것이 우리의 해방에 돌파구라도 마련한 양 축하해 달라고 요구하는 여성 정치가들에게 투표하자고 설득한다. 하지만 다른 나라에 폭탄을 투하하고 인종 분리 정책을 유지하는, 자국 정부에 의해 자행되는 집단 학살에 대해서는 침묵한 채 휴머니즘이란 이름으로 신식민주의적인 개입을 지지하는, 구조 조정·채무 부과·강제적인 긴축 정책을 통해 여력 없는 사람들을 갈취하는 비열한 짓을 하는 지배 계급ruling-class 여성에게는 페미니즘이라 할 것이 아무것도 없다.

사실상 여성은 세계를 통틀어 식민주의 지배와 전쟁의 일차적인 희생자다. 사랑하는 이들이 죽고 불구가 되는 것을, 자신과 가족들을 부양할 수 있게 해 준 기반 시설의 파괴를 견디는 동시에 구조적인 괴롭힘 systematic harassment, 정치적 강간 political rape, 노예화 enslavement에 직면하는 존재인 것이다. 우리는 이 여성들과 단결하여 서 있다. 하지만 오직 자기 종족만을 위한 젠더와 성 해방을 강력하게 요구하는 치마 복장의 전쟁광들과 함께 하지 않는다. 갈색과 검은 피부의 여성들을 해방시킨다고 주장하며 전쟁 도발을 정당화하는, 남녀를 불문한 국가 관료와 금융 관리자들에게 말한다. *우리의 이름을 도용하지 말라 Not in our name.*

테제 11

99퍼센트의
페미니즘은
모든 급진적
움직임이 공동의
반자본주의
혁명에
함께하기를
촉구한다.

테제. 11

99퍼센트의 페미니즘은
모든 급진적 움직임이 공동의
반자본주의 혁명에 함께하기를 촉구한다.

**Feminism for the 99 percent calls
on all radical movements to join to
gether in a common anticapitalist
insurgency.**

99퍼센트를 위한 페미니스트들은 다른
저항과 반란의 움직임과 분리돼 외따로 움직이지
않는다. 우리는 기후 위기나 직장 내 착취에 맞선
싸움을 우리와 무관하게 보지 않고, 구조적인 인종

차별과 강탈에 대한 투쟁에 침묵하지 않는다. 그 투쟁들은 우리의 투쟁이며, 그것 없이 젠더와 성적 억압의 종언이 있을 수 없는, 자본주의 해체를 위한 투쟁의 핵심이기도 하다. 결론은 명확하다. 99퍼센트의 페미니즘은 생태주의, 반인종주의, 반제국주의, LGBTQ+ 운동 세력과 노동조합을 비롯한 전 세계 반자본주의 운동과 힘을 연결해야 한다. *우리는 무엇보다도 그 세력 중의 99퍼센트를 위해 싸운다는 점에서 동일한 좌파, 반자본주의적인 물결과 협력한다.*

이 길은 지금 자본이 제시하는 정치적 대안 두 가지 모두를 정면으로 타격한다. 우리는 반동적인 포퓰리즘뿐 아니라 진보적인 신자유주의 역시 거부한다. 우리는 그 두 동맹을 분리시킴으로써 우리의 움직임을 구축한다. 수많은 노동 계급 여성, 이민자, 유색 인종을 진보적인 신자유주의 동맹에 "망설임 없이 뛰어들라"고 설파하는 페미니스트, 실력주의meritocratic인 반인종주의자와 마찬가지로 엘리트주의인 반동성애혐오자들, 우리의 염려를 축소해 자본 친화적인 용어로 바꿔 내는 기업 다양성 및 녹색 자본주의의 함정으로부터 우리를 분리하는 것을 목표로 한다. 반동적 포퓰리즘 동맹 속에서는 금권 정치를 몰래 거들며 자신을 '보통 사람common man'의 수호자로 허위 제시하는 군국주의militarism와 이주민 혐오xenophobia, 민족주의ethnonationalism를 부추기는 세력들로부터 노동 계급의 커뮤니티를 분리할 것이다. 우리의 전략은 두 친자본주의 정치 연합에서 노동 계급을 이기게 하는 것이다. 이로써 우리는 사회를 바꿀 만큼 크고 강력한 반자본주의적인 영향력을 모을 수 있다.

투쟁은 기회이자 학교이다. 투쟁을 통해 기존의 자기 지식을 시험하고 세계관을 재편성함으로써 그 싸움에 참여하는 사람을 변화시킬 수 있다. 투쟁은 우리를 억압하는 것에 대한, 무엇이 그 뿌리이고 그 억압으로부터 누가 이익을 얻으며, 그것을 극복하기 위해 행해야 하는 일은 무엇인지에 대한 이해를 심화시킬 수 있다. 더 나아가 투쟁은 우리가 우리의 이해利害를 재해석하고, 희망을 재구성하고, 무엇이 가능한지에 대한 감각을 확장할 수 있게끔 한다. 끝으로, 투쟁의 경험은 또한 누구를 아군으로 보고 누구를 적으로 판단해야 할지를 다시 생각하게 한다. 투쟁을 통해 억압받는 자들 간의 연대를 넓힐 수 있고, 압제자들에 대한 우리의 적의antagonism를 가다듬을 수 있다.

여기서 가장 중요한 것은 "할 수 있다"는 말이다. 모든 것은 우리 사이의 차이를 무작정 찬양하지도, 잔인하게 지우지도 않는 지침이 될 관점을 개발하는 우리의 재능에 달려 있다. '다중성multiplicity'이라는 관념이 유행하지만 우리가 겪는 다양한 억압들을 이제 갓 생겨난, 우발적인 다수성plurality으로 표현해선 안 된다. 모든 억압은 각자 구별되는 형태와 특성을 갖고 있지만, 다름 아닌 동일한 사회 체제에 뿌리내리며 그에 의해 강화된다. 그 체제를 자본주의라 명명하고, 그것에 대항하기 위해서 함께 싸움으로써 자본이 갈라놓는 우리 사이의 문화, 인종, 민족, 능력, 섹슈얼리티, 젠더 분열을 극복할 수 있다.

　　　　하지만 우리는 자본주의를 바르게 이해해야 한다. 협소한 종래의 관점과는 달리 산업 임금 노동자들이 노동 계급의 총계는 아니며, 임금 착취가 자본주의 지배의 정점인 것도 아니다. 산업 임금 노동의 수위首位를 주장하는 것은 계급의 연대를 발전시키는 게 아니라 오히려 약화시킨다. 실제로 계급적 연대class solidarity는 우리 사이의 유의미한 차이, 서로 다른 구조적 상황, 경험, 고통, 필요, 욕망, 요구, 각자 그것을 최선으로 달성할 수 있는 다양한 조직의 형태를 상호 인정할 때 가장 큰 진전을 이룬다. 99퍼센트의 페미니즘은 바로 그런 식으로 '정체성 정치'와 '계급 정치' 사이의 진부한 대립을 극복하려 한다.

99퍼센트의 페미니즘은 자본주의가 내

놓은 제로섬 체계*zero-sum framework*를 거부하고, 현재와 미래의 움직임을 광범위한 전 지구적 혁명으로 통합하는 것을 목표한다. 페미니스트, 반인종주의자, 반자본주의자의 비전으로 무장한 채 우리는 우리 미래를 만들 주인공*big role*으로 설 것을 맹세한다.

후기

중간에서
시작하기

후기

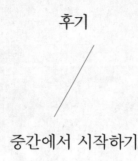

중간에서 시작하기

Beginning in the middle

페미니스트 선언문을 쓴다는 것은 벅찬 일이다. 오늘날 이를 시도하는 사람은 누구나 마르크스와 엥겔스 Marx and Engels 의 어깨 위에, 또 그 그늘 밑에 서게 된다. 두 사람이 1848년 발표한 『*공산주의 선언 Communist Manifesto*』은 다음과 같은 인상적인 어구로 시작된다. "하나의 유령이 유럽 전역을 떠돌고 있다 A spectre is haunting Europe." 여기서 '유령 spectre'은 그들이 현재 진행이라 여겼던 노동 계급 투쟁이며, 단결돼 있고 국제적이면서 궁극적으로는 자본주의와 그 모든 착취·지배·소외를 타파할 세계사적인 투쟁의 정점이자 혁명이었던 프로젝트, 바로 공산주의communism다.

우리는 선임자들에게 대단한 영감을 얻었다. 무엇보다 두 사람이 선언문에 현대 사회 억압의 궁극적인 기초를 자본주의라고 명확하게 지목했기 때문이다. 하지만 선임자들의 선언문은 우리 작업을 복잡하게 만들기도 했다.『공산주의 선언』이 추종을 불허하는 문학적인 명작인 탓만은 아니다. 2018년은 1848년이 아니었기 때문이다. 우리는 사회 정치적 대격변이 진행 중인 세계에 살고 있고, 이 또한 자본주의의 위기라 이해하고 있는 것만은 사실이다. 하지만 오늘날의 세계는 마르크스와 엥겔스가 살았던 시대보다 국제화되어 있고, 그 세계를 횡단하는 대격변은 결코 유럽에 국한되어 있지 않다. 우리 역시 그들처럼 계급을 둘러싼 국가, 인종, 민족, 종교를 둘러싼 갈등을 목도하고 있다. 하지만 우리의 세계는 섹슈얼리티, 장애, 생태 등 그들은 몰랐던 정치화된 단층선들 또한 아우르고 있으며, 세계의 젠더 투쟁gender struggle은 마르크스와 엥겔스가 상상조차 하지 못했을 정도로 광범해지고 격렬해졌다. 현재의 정세는 한층 분화되고 이질적인 탓에 전 지구적으로 통합된 혁명적인 힘revolutionary force을 상상하기란 쉬운 일이 아니다.

　　게다가 후임자로서 우리는 또한 해방 운동이 어떤 다양한 식으로 경로를 이탈할 수 있는지를 마르크스와 엥겔스보다 훨씬 잘 인식하고 있다. 전체주의적absolutist 스탈린 제국Stalinist state으로 퇴보한 볼셰비키 혁명Bolshevik Revolution, 국가주의와 전쟁에 항복해 버린 유럽의 사회 민주주의social democracy, 숱한 독재 정권으로 귀결되고 만 남반구 국가 전역의 반식민주의 투쟁 같은 역사적인 기억을 우리는 물려받았다. 그러나 가장 의미심장한 것은 신자유주의 부양 세력의 아군이 되어 그들에게 알리바이를 제공해 준 우리 시대 해방적인 움직임의 예후다. 운동의 주류였던 자유주의적인 흐름이 소수만을 위한 성과주의적인 진보로 우리의 명분을 감소시키는 것을 목격한 후자의 경험은 좌파 페미니스트들에게 고통스러운 것이었다.

이러한 역사는 우리의 기대를 마르크스와 엥겔스가 가졌던 기대와 달리 형성하게끔 했다. 그들이 선언문을 썼던 때는 자본주의가 비교적 아직 젊던 시대라면 우리는 포섭co-optation과 폭압에 훨씬 더 숙련된, 교활하고 노련한 체제와 마주하고 있다. 또한 오늘날의 정치적 풍토는 온갖 덫들로 빽빽하다. 선언문에서 지적했듯이 페미니스트들에게 가장 위험한 덫은 우리의 현 정치적 대안이 단 두 갈래라고 믿는 것이다. 한편에서 신자유주의의 '진보적' 변종은 엘리트주의 대기업 페미니즘을 확산시켜 포획적이고 소수 독재적인 의제에 해방의 가면을 씌워 놓는다. 다른 한편에선 신자유주의의 반동적 이형異形이 여성 혐오와 인종 차별적인 비유를 돌려쓰며 포퓰리스트 자격증에 빛을 더하는 식으로 전자와 유사한 금권 정치 의제를 추구한다. 물론 이 두 세력은 동일하지 않지만, 진정으로 해방적이고 대중적인 페미니즘의 치명적 적이라는 점에서 동일하다. 게다가 그들은 서로를 합법화한다. 진보적 신자유주의는 반동적 포퓰리즘이 부상할 조건을 만들었으며, 이제는 스스로를 반동에 대한 대표적인 대안으로 새롭게 위치시킨다.

우리는 이 싸움에서 진영의 선택을 거부한다고 선언했다. 우리의 선택지를 자본주의 위기에 대한 두 가지 대응 전략에만 국한시키는 함정을 물리치고, 그 두 가지에 대한 새로운 대안을 내보이기 위해 선언문을 썼다. 현재의 위기를 단순히 감당하는 대신 해소하자는 일념으로, 우리는 현재의 편성이 가리는 해방적인 가능성들을 드러내 보이려고 했다. 자유주의 페미니즘과 금융 자본의 은밀한 동맹을 부순다는 목적으로 우리는 또 다른 페미니즘, 바로 *99퍼센트의 페미니즘*을 제안했다.

우리는 2017년 세계 여성의 날에 미국에서 있었던 여성 파업에서 함께 일한 것을 계기로 이 프로젝트에 이르렀다. 그에 앞서, 각각은 자본주의와 젠더 억압의 관계에 대해 써 왔다. 친지아 아루짜는 페미니즘과 사회주의의 난해한 관계를 역사적으로, 또 이론적으로 분석했다. 티티 바타차리야는 사회적 재생산 개념이 계급과 계급 투쟁의 개념에 행사하는 영향력을 이론화했다. 낸시 프레이저는 사회적 재생산 위기를 포함한 자본주의와 자본주의 위기에 대한 개념을 발전시켰다.

이렇게 서로 역점을 다른 곳에 두고 있었음에도, 현 국면에 대한 이해를 같이한 덕에 우리는 합심해 이 선언문을 썼다. 우리 세 사람 모두에게 지금 이 순간은 페미니즘과 자본주의 역사에서 중대한 시기로서 개입을 요구하고 실현하는 때이다. 페미니스트 선언을 쓰겠다는 우리의 결정은 정치적인 목적으로 연결되어 있다. 우리는 정치적 혼란의 시기에 페미니스트 투쟁을 위기에서 구하고 항로를 수정하고자 글을 썼다.

자본주의와 그 위기를 재개념화하기
Reconceptualizing capitalism
and its crisis

우리는 선언문이 마주한 지금의 국면을 '위기'로 해석한다. 하지만 우리는 그 단어를 상황이 나쁘다는 느슨하고 빤한 의미로 쓸 생각이 없다. 물론 현재의 재앙과 고통은 끔찍하지만, '위기'라는 말을 우리가 사용하는 것은 그 이상의 뜻이다. 오늘날 우리가 경험하는 수많은 폐해는 서로 무관하지 않으며 우연의 결과물도 아니라는 의미인 것이다. 실상 위기들은 그 모두의 기저를 이루는 사회 체제, 그 구성적 역학에 의해 우연이 아닌 당연한 결과로 생산 체제에서 유래한다.

우리의 선언문은 그 사회 체제를 자본주의라 명명하고 현재의 위기를 자본주의의 위기로 특정한다. 그러나 우리는 그 용어를 통상적인 의미로 이해하지 않는다. 페미니스트로서 우리는 자본주의가 단지 경제 체제일 뿐만 아니라 공식적인 경제를 지탱하는 명백히 '비경제적인^{noneconomic}' 관계와 실행까지 망라하는 제도적 사회 질서라고 인식한다. 임금 노동, 생산, 교환, 금융 같은 자본주의의 공식 제도 뒤에는 그에 필요한 지원을 제공하고 실현케 할 조건을 만드는 다른 요소들이 밑받침되어 있다. 가족, 지역 사회, 자연이 그렇고, 영토 국가와 정치 기관, 시민 사회도 그러하다. 무엇보다 여전히 많은 부분이 여성에 의해 보상 없이 이루어지는 사회적 재생산을 포함해 무수하며 형태 또한 다양한 무임금 노동 및 수탈도 그에 해당한다. 이들 역시 자본주의 사회의 구성 요소이며 그 안에서 투쟁이 벌어지고 있는 현장인 것이다.

자본주의에 대한 이 포괄적인 이해로부

터 우리 선언문의 자본주의 위기에 대한 거시적 관점이 도출된다. 간헐적인 시장 붕괴, 연쇄 도산, 대량 실업을 낳는 내재적인 경향을 부정하지 않으면서도, 우리는 자본주의가 다른 '비경제적인' 모순과 위기 경향 또한 품고 있다는 것을 인식한다. 가령 그것은 *생태적 모순*, 자연을 한편으로는 에너지와 천연자원을 제공하는 '수도꼭지tap'로, 또 한편으로는 폐기물을 흡수하는 '개수대sink'로 축소해 버리는 내재적 경향을 지니며, 그 두 역량에 자유롭게 접근하지만 다시 채워 놓을 생각은 하지 않는 모순을 품는다. 결과적으로, 자본주의 사회는 구조적으로 지역 사회를 지탱하는 거주지를 불안정화하고 삶을 지탱하는 생태계를 파괴한다.

마찬가지로 이 사회 형태는 *정치적 모순* 역시 품고 있다. 삶과 죽음의 근본적 문제를 시장의 규칙에 위임하고, 공공을 위해 복무하도록 만들어진 국가 기관을 자본의 하인으로 전락시켜 정치에 대한 시야를 제한하는 내재적인 경향을 갖는다. 그러므로 구조적 이유에서 자본주의는 민주주의 야망을 좌절시키고, 권리를 도려내고 국가 권력을 이빨 빠진 호랑이로 만들며 잔인한 억압과 끝없는 전쟁, 통치의 위기를 생산한다.

끝으로 자본주의 사회는 *사회적 재생산 모순*, 즉 자본의 이득을 위해 '공짜인' 재생산 노동을 가능한 많이 징발하되 다시 채워 넣는 것에 대해서는 무심하다. 그 결과 자본주의는 여성을 고갈시키고, 가족을 유린하고, 사회적 에너지를 한계까지 몰아가며 주기적으로 '돌봄의 위기'를 일으킨다.

다시 말해 우리가 선언문에서 다룬 자본주의 위기는 단지 경제적일 뿐만 아니라 생태적이며 정치적이고 사회 재생산적이기도 하다. 더욱이 그 모든 경우에서 뿌리는 하나로 그 자신의 없어서는 안 될 기반 조건, 비용을 지불할 의사는 없지만 자체적인 재생산을 위한 전제 조건에 무임승

차하려는 생래적인 추동에 닿아 있다. 탄소 배출을 흡수하는 대기의 능력, 재산을 지키고 반란을 진압하고 금전을 보호하는 국가의 능력, 우리에게는 가장 중요한 인간 존재를 형성하고 지탱하는 무급 노동이 그 조건들이다. 이들 없이 자본은 '노동자'를 착취할 수도 없고 성공적으로 이익을 축적하지도 못한다. 하지만 그러한 배경 조건 없이 살 수 없다면, 이를 부인하는 논리가 작동하기 시작한다. 자연, 공권력, 사회적 재생산에 대한 교체 비용 전액을 지불해야만 한다면, 자본의 이익은 소실점까지 줄어들 것이다. 그러므로 이익 축적을 위태롭게 하느니 체제 유지를 위한 조건을 소모해 버리는 게 나은 것이다!

따라서 자본주의는 공식적인 경제에서 기인하는 것 외에도 다수의 대립을 품는다는 것이 우리 선언문의 전제이다. '평상시'에 체제의 위기는 잠복 상태로 남아 있으며, '오직' 임시 고용직으로만 동원하고 무력하게 간주된 인구에게만 영향을 미친다. 하지만 지금은 평상시가 아니다. 오늘날 자본주의의 모든 모순은 끓는점에 도달했다. 1퍼센트를 제외하고는, 사실상 그 누구도 정치적 혼란, 경제적 불안정, 사회적 재생산 고갈의 영향에서 벗어날 수 없다. 기후 변화 역시 지구상 모든 생명을 파괴하려 든다. 이러한 대재앙이 서로 깊이 얽혀 있기에, 어느 하나를 다른 것과 별도로 분리해서 해결할 수 없다는 인식 또한 커져 간다.

사회적 재생산이란 무엇인가?
What is social reproduction?

우리는 선언문에서 현재 위기의 모든 면면을 다룬다. 하지만 특별한 관심을 두는 것은 젠더 불균형에 구조적으로 연결돼 있는 사회적 재생산 측면이다. 그렇다면 더 깊이 질문해 보자. 사회적 재생산이란 정확히 무엇인가?

'루오Luo'의 사례를 들어 보자. 성姓만 공개된 대만 여성 루오는 2017년 아들에게 소송을 냈다. 그녀가 그를 키우며 투자한 시간과 돈을 보상하라는 주장이었다. 루오는 남편 없이 홀로 두 아들을 키웠고, 두 명 모두 치의대까지 보냈다. 그 급부로 그녀는 자신의 노후에 아들들이 자신을 부양하길 바랐다. 아들 하나가 기대를 저버리자, 그녀는 그를 고소했다. 전례 없는 판결로, 타이완 대법원은 아들에게 '양육upbringing' 비용으로 96만 7,000달러를 모친에 지불하도록 명령했다.

  루오의 사례는 자본주의 체제에 속한 삶의 세 가지 근본적인 특징을 잘 보여 준다. 첫째, 이 사례는 자본주의가 간과하길 좋아하고 숨기려 하는 인간의 보편적인 활동, 즉 사람을 출산하고 돌보고 부양하는 데에 엄청난 양의 시간과 자원이 든다는 것을 보여 준다. 둘째, 우리 사회에서는 인간을 창조하고 부양하는 많은 노동이 여전히 여성에 의해 이루어진다는 사실을 강조한다. 끝으로, 자본주의 사회는 대개 그 노동에 의존하지만 아무 가치도 부여하지 않았다는 사실을 폭로한다.

루오의 사례는 또한 우리 선언문에서 중심적으로 다룬 네 번째 명제를 떠올리게 한다. 즉, 자본주의 사회는 두 가지 불가분으로 얽혀 있지만 상호 대립되는 명령으로 이루어진다는 것, 다시 말해 이윤 창출profit-making이라는 특징적 과정을 통해 제도를 지탱해야 하는 체제의 요구가 있는 반면, 우리가 *사람 만들기people-making*'라고 부르는 과정을 통해 자신을 지탱해야 하는 인간의 필요가 존재한다는 것이다. '사회적 재생산'은 후자의 명령을 포괄한다. 단지 먹고 잘 뿐만 아니라 아이를 키우고, 가족을 보살피고, 지역 사회를 유지하는 동시에 미래를 위한 자신의 희망을 추구하는 *사회적 존재로서의 인간을 부양하는* 활동들을 총망라한다.

'사람 만들기' 활동은 모든 사회에서 이런저런 형태로 나타난다. 하지만 자본주의 사회에서 그것은 다른 주인, 즉 사회적 재생산 노동이 '노동력'을 생산하고 다시 채워지기를 요구하는 자본 자체를 섬긴다. 자본은 최소한의 비용으로 그 '기이한 상품peculiar commodity'을 적절히 공급받기 위해 작정하고 사회적 재생산 노동을 여성, 지역 사회, 국가에 떠넘기는 한편 그것을 자기 이익을 극대화하는 데 적합한 형태로 왜곡한다. 마르크스주의 페미니즘, 사회주의 페미니즘, 사회적 재생산 이론을 포함한 다양한 분파의 페미니스트 이론이 자본주의 사회에서 이윤 창출과 사람 만들기 활동 사이의 모순을 분석해 왔으며, 후자를 이윤 창출의 도구로 삼으려는 자본의 생래적인 추동을 폭로해 왔다.

마르크스의 『자본론Capital』을 읽은 독자는 착취를, 자본이 생산 시점에 임금 노동자에게 가하는 불의를 안다. 그런 환경에서 노동자들은 생활비를 겨우 감당할 정도의 임금을 받도록 되어 있지만, 실상 더 많이 생산한다. 요약하면 상관들은 우리에게 우리 자신과 가족, 사회 기반 시설을 재생산하는 데 필요한 시간보다 더 많은 시간을 일하도록 요구하며, 우리가 생산한 잉여를 소유주와 주주를 위한 이윤의 형태로 도용한다.

사회적 재생산 이론가들은 이 그림 자체를 거부하는 대신 그림의 불완전성을 지목하곤 한다. 마르크스주의 페미니스트들과 사회주의 페미니스트들 방식으로 우리가 몇 가지 성가신 질문을 던져 보겠다. 여성 노동자는 일터에 도착하기 전에 무엇을 해야 했는가? 누가 여성에게 저녁을 지어 주고, 잠자리를 마련해 주고, 지치는 하루하루를 견디며 다시 직장으로 돌아갈 수 있도록 달래 줬는가? 여성 자신만을 위해서만이 아니라 다른 가족 구성원들을 위해서까지 이 모든 사람 만들기 노동을 하는 것은 다른 누군가인가, 여성 자신인가?

이 질문은 자본주의가 숨기려 작당한 진실, 즉 이윤 창출을 위한 임금 노동은 (대부분) 무임금 노동으로 이루어지는 사람 만들기 없이는 존재할 수 없다는 진실을 폭로한다. 따라서 임금 노동이라는 자본주의 제도는 잉여 가치 이상의 것을 감춘다. 또 사회적 재생산 노동이 그 자신을 가능케 하는 조건이라는 일종의 출생 모반을 감춘다. 사람과 이윤에 관한 이 두 종류의 '생산production'에 필요한 사회의 과정과 제도는 분명히 구분되지만 그럼에도 서로가 서로를 구성하는 관계에 있다.

더욱이 그 둘 사이의 구분 자체는 자본주의 사회의 인공적 산물이다. 앞서도 말했듯이, 사람 만들기 노동은 언제나 존재해 왔고, 언제나 여성과 연관돼 있었다. 그러나 초창기 사회에서는 '경제적 생산'과 사회적 재생산 사이에 뚜렷한 구분이 없었다. 단지 자본주의의 출현과 함께 두 가지 사회적 존재의 측면이 분열된 셈이다. 생산은 공장, 광산, 사무실로 들어갔고, 그곳들은 '경제적'인 곳으로 여겨졌으며 현금 임금으로 보답받았다. 재생산은 여성화되고 낭만화된 '가족'의 일로 격하되었고, '돌봄'은 '노동'의 반대말로서 돈이 아닌 '사랑'을 위해 행해지는 것으로 정의되었다. 사실 자본주의 사회는 사회적 재생산을 개개의 가정에 배타적으로 위치시키지는 않았고 일부를 이웃, 풀뿌리 지역 사회, 공공 기관, 시민 사회에 배당했다. 그리하여 오래도록 일부 재생산 노동을 상품화해 왔다. 오늘날만큼 그 경향이 격렬하던 시절은 없었다.

그럼에도 이윤 창출과 사람 만들기 사이의 분리는 자본주의 사회 심장부에 깊이 뿌리 내린 긴장 상태를 암시한다. 자본은 구조적으로 이윤을 늘리려는 한편, 노동 계급 사람들은 반대로 사회적 존재로서 품위 있고 의미 있는 삶을 영위해 가기 위해 애쓴다. 자본이 갖는 축재의 몫은 사회적 삶에서 우리 몫을 희생해야만 증가할 수 있기에, 근본적으로 조화될 수 없는 목표다. 가정에서 우리의 삶을 키우는 사회적인 실천, 밖에서 우리 삶을 보살펴 주는 사회 복지 제도는 자본의 이윤을 갉아먹을 수 있는 지속적 위협이 된다. 따라서 그 비용을 줄이려는 금융의 동기와 그 같은 노동을 깎아내리려는 이데올로기적 추동은 체제 전반의 고질적 경향이라 볼 수 있다.

자본주의의 서사가 단순히 이윤 창출이 사람 만들기를 완화한다는 것이었다면, 체제는 정당하게 승리를 공표할 수도 있었을 것이다. 하지만 자본주의의 역사는 품위 있고 의미 있는 삶을 위한 투쟁에 의해서도 형성된다. 임금 투쟁이 종종 '빵과 버터'라는 쟁점에 대한 투쟁으로 언급되는 것은 우연이 아니다. 그러나 전통적인 노동 운동의 전례대로 그 쟁점을 일터에의 요구로만 축소시키는 것은 잘못이다. 그들은 자본이 삶을 단지 임금의 수단으로서만 명명하는 체제에서 둘 사이에 초래되는 격렬하고 불안정한 관계를 간과한 것이다. 노동자들은 임금을 놓고 투쟁하는 게 아니라, 빵과 버터를 원하기 때문에 임금을 위해 싸운다. 부양을 위한 욕망은 귀결이 아니라 결정 요인이다. 고로 음식, 주거, 물, 의료, 교육을 위한 투쟁이 항상 임금이라는 중재적인 형태를 통해, 다시 말해 일터에서 더 높은 임금을 받기 원한다는 요구로만 표출되는 것은 아니다. 여성들이 이끈 빵 폭동인 현대의 두 위대한 혁명, 프랑스 혁명과 러시아 혁명을 떠올려 보자.

사회적 재생산 투쟁의 진짜 목적은 사람 만들기가 이윤 창출보다 우선이 되는 질서를 정립하는 것이다. 오직 빵만을 위해 투쟁이 일어난 적은 없었다. 이런 이유로 99퍼센트의 페미니즘은 *빵과 장미를 위한 투쟁*을 구현하고 발전시킨다.

사회적 재생산의 위기
Crisis of social reproduction

우리의 선언문이 분석하는 때에, 사회적 재생산은 주된 위기 현장이다. 우리는 그 근본 이유가 사회적 재생산을 대하는 자본주의의 모순적 대우에서 기인한다고 본다. 체제는 사회적 재생산 활동 없이는 기능하지 못하지만, 활동의 비용을 부정하고 경제적 가치 또한 거의 혹은 전혀 부여하지 않는다. 이것이 의미하는 바는 사회적 재생산 노동에 투여되는 역량이 당연시 여겨진다는 것, 무료로 취급되고 어떤 관심도 재충전도 필요치 않는, 언제까지나 돌려쓸 수 있는 '선물'로 취급된다는 사실이다. 그 문제가 논의될 때조차 노동자를 생산하고 경제 생산과 사회가 더 총체적으로 의존할 수 있는 사회적 관계를 지탱할 수 있는 충분한 에너지는 영구히 존재하리라고 추정된다. 사실상 사회적 재생산 역량은 무한하지 않고 고갈돼 바닥을 드러낼 수도 있다. 사회적 재생산을 위한 공공의 지원을 철회하는 동시에 장시간의 고된 저임금 노동을 위해 주 부양자들을 징집하는 사회는 자신이 의존하는 바로 그 사회의 역량을 고갈시키고 있는 셈이다.

이것이 정확히 오늘날 우리가 처한 현실이다. 자본주의의 현 신자유주의적 형태는 구조적으로 인간 존재를 재생하고 사회적 유대를 지탱하는 우리의 집단적이고 개인적인 역량을 고갈시킨다. 일견 이 체제는 자본주의 특유의 생산과 재생산 노동 사이 젠더 분리를 무너뜨리는 것처럼 보인다. '맞벌이 가족'이라는 새로운 이상을 선포하며, 신자유주의는 전 세계 여성들을 대단위로 임금 노동에 합류시킨다. 그러나 이 이상理想은 가짜다. 그것이 적법화할 노동 체제 역시 결코 여성 해방이 아니다. 해방이라 제시되는 것은 실상 더 강화된 착취와 징발의 체제다. 동시에 그것은 또한 격심한 사회적 재생산 위기를 유발할 엔진이기도 하다.

그중 아주 드문 몇몇 여성은 같은 계층 남자들에게 허용되는 것보다 불리한 조건으로나마 일류 전문직과 기업 관리직의 하위직으로 들어가면서 신자유주의로부터 얼마간의 이득을 끌어낸다. 그러나 대다수가 처하게 되는 것은 열악한 일터, 수출 가공 지역, 메가 시티의 건설 현장, 산업화된 농장, 서비스 부문에서의 불안정한 저임금 노동 현장이다. 그곳에서 가난한 여성, 인종적으로 차별받는 여성, 이주민 여성들은 패스트푸드를 서빙하고, 초대형 상점에서 값싼 물건들을 팔며 사무실과 호텔 방, 주인집을 청소하고, 병원과 요양원에서 환자들의 변기를 비우고, 자기 가족을 희생하는 방식으로 가족들과 멀리 떨어져 특권층 가족들을 위한 돌봄 노동을 한다.

이들 노동 중 일부는 앞서 무급으로 이루어졌던 재생산 노동을 상품화한다. 하지만 그런 상품화의 효과가 자본주의에서 고질적으로 이어온 생산과 재생산 구분 역사의 연장선이라면, 그 결과물이 여성을 해방시킬 리 없다는 것은 여전히 확실하다. 오히려 우리의 거의 전부에 해당하는 인구는 시간과 에너지를 한층 더 자본에 도용되고 있음에도 불구하고 여전히 '이교대the second shift' 근무를 요구한다. 여성에게 주어지는 대부분의 임금 노동 역시 반反해방적인 것 또한 사실이다. 고용이 불안정하고 임금도 낮으며 노동권이나 사회적 지원 혜택도 주어지지 않는 그 일자리는 자율성과 자기 실현, 기술을 습득하고 연습할 기회도 마련해 주지 못한다. 이 노동은 오직 학대와 성적 괴롭힘에 대한 무방비 상태만을 제공할 뿐이다.

마찬가지로 중요한 사실은 우리가 이 체제 안에서 버는 임금이 가계를 위한 비용은 둘째 치고 우리 자신의 사회적 재생산 비용을 충당하기에도 불충분하다는 것이다. 또 다른 가구 구성원이 일을 하면 어느 정도 도움은 되지만 여의치 않다. 결과적으로 우리 중 많은 수는 비싸고 노화되고 안전하지 않은 교통수단으로 장거리를 오가며 여러 개의 맥잡McJobs*에 취직해 일할 수밖에 없다. 전후 시대와 비교해 보면 가구당 임금 노동 시간 수는 급등했고, 우리 자신을 재충전하고 가족과 지역 사회를 돌볼 수 있는 시간은 크게 줄어들었다.

신자유주의적 자본주의는 페미니스트

● 단조롭고 급료가 낮은, 장래성 없는 직업.

유토피아를 발족시키긴커녕 착취를 일반화한다. 남성뿐만 아니라 여성도 생존을 위해 자신의 노동력을 단편적으로, 싼 값에 팔아야 한다. 그것이 전부가 아니다. 오늘날의 착취는 몰수와 겹쳐 있다. 자본은 (점점 더 여성화되는) 노동력의 재생산 비용에 대한 지불을 거부한 채 '오직' 노동자들의 호구지책으로 생산되는 잉여 가치만을 도용하는 것에 만족하지 않는다. 자본은 이제 자신이 착취하는 이들의 신체, 마음, 가족에 깊이 구멍을 뚫어 잉여 에너지뿐 아니라 재충전에 필요한 에너지까지 모조리 굴착한다. 사회적 재생산을 추가적인 이윤으로 채굴하는 식으로 뼛속까지 파먹는 것이다.

사회적 재생산에 대한 자본의 공격은 또한 공공 사회 복지의 긴축을 통해 진행된다. 자본주의 전개의 사회 민주적인 시기에 부유한 나라의 노동 계급은 연금, 실직 보험, 아동 수당, 무료 공립 교육 등 사회적 재생산을 위한 국가 지원의 형태로 자본으로부터 일부 양보를 얻어 냈다. 그러나 그 시대가 황금시대였느냐면 그렇지도 않다. 자본주의 핵심에서 다수 민족 노동자들이 거둔 이득은 여성이 가족 임금에 의존한다는 현실과 어긋난 추정, 사회 보장 제도에서의 인종 민족적 배제, 사회 복지 적격성 기준에 내재한 이성애 관행, '제3세계 Third World'에서 진행된 제국적인 몰수에 의존해 있었다. 그럼에도 이 양보는 사회적 재생산을 잠식하려는 자본의 생래적인 경향으로부터 어느 정도 보호막을 제공했다.

금융화된 신자유주의적 자본주의는 전혀 다른 짐승이다. 국가에 힘을 부여해 공적 제공을 통해 사회적 재생산을 안정화시키도록 하기는커녕, 개인 투자자들의 즉각적 이득을 위해 국가와 공중을 징계할 권한을 금융 자본에 부여한다. 그것이 선택한 무기는 부채다. 금융 자본은 국가 부채를 먹고 살며, 국가로 하여금 경제를 자유화하고, 시장을 개방하고, 무방비의 사람들에게 '긴축 재정 austerity'을 부과하도록 강요함으로써 사회 민주적 제공의 가장 가벼운 형태까지 불법화한다. 동시에 그것은 *소비자 부채*를 확산시킨다. 비우량 주택 담보 대출부터 신용 카드, 학자금 대출, 소액 단기 대출부터 마이크로크레디트까지 부채를 증식시키며 이를 이용해 농부와 노동자를 징계하고, 그들이 토지와 직장에서 굴종케 하며, 계속해서 유전자 변형 종자와 값싼 소비재를 구매하게 한다. 체제는 이 두 가지 방식으로, 축적이라는 명령과 사회적 재생산의 필요 사이에 벌어지는 자본주의의 생래적인 모순을 선명히 드러낸다. 동시에 더 많은 노동 시간과 공익 사업의 축소를 명하며, 돌봄 노동을 가족과 지역 사회로 외부화해 자신의 수행력을 감퇴시킨다.

결과적으로 벌어진 것은 자본이 그 축적에 일차적으로 헌신할 것을 요구하는 삶의 간극에 사회적 재생산 책임을 구둣주걱으로 밀어 넣듯 채워야 하는 여성의 고투다. 특권을 덜 가진 타인에게 돌봄 노동을 떠넘기는 전형적 행태일 것이다.

그 결과 타인을 고용할 수단을 보유한 사람들이 자신은 좀 더 수익성이 좋은 직업을 좇으며 종종 이민자나 차별받는 인종의 더 가난한 여성들을 고용해 그들의 집을 청소하거나 그들의 자녀나 노부모를 보살피게 함으로써 '글로벌 돌봄 사슬global care chains'이 구축된다. 하지만 물론, 이는 저임금 돌봄 노동자들로 하여금 자기 가정과 가족의 일을 종종 또 다른, 더 가난한 여성에게 떠넘기는 식으로 간신히 가정에 대한 의무를 완수케 한다. 더 가난하고 그보다 더 가난한 여성들이 종종 장거리를 오가고 같은 해법을 취하면서 또 일련의 일들이 반복되는 것이다.

이러한 시나리오는 '구조 조정'의 대상이 되어 부채를 진 탈식민국가의 젠더화된 전략과 맞아떨어진다. 국제 통화●가 절실한 이 국가들 중 일부는 외화 송금을 목적으로 해외에서 유급 간병

●   경화. 미국의 달러, 스위스의 프랑처럼 국제적으로 널리 통용되는 통화.

195

을 수행할 여성의 이민을 적극 추진했고, 다른 국가들은 주로 저임금 여성 노동자들을 채용하는 (직물 및 전자 제품 조립과 같은) 산업의 수출 가공 지구를 열어 외국인의 직접 투자를 끌어내는 전략을 썼으며, 그 결과 여성 노동자들은 걷잡을 수 없는 노동 폭력과 성폭력에 무방비로 노출됐다. 두 경우 모두 사회적 재생산 역량은 한층 더 쥐어짜였다. 이는 결국 돌봄 노동의 공백을 채우는 대신 대체하는 것, 부유한 가정에서 가난한 가정으로, 북반구에서 남반구로 노동을 떠넘기는 행태로 귀결되었다. 그 종합적인 결과는 새롭게 이중화된dualized 사회적 재생산 조직으로서 지불 능력이 있는 이들을 위해 상품화되었고, 그럴 능력이 없는 사람들에게는 사유화되었다. 사유화된 까닭은 두 번째 범주에 드는 일부 사람들이 앞 범주를 위해 (낮은) 임금을 받으며 돌봄 노동을 제공했기 때문이다.

모든 것이 소위 '돌봄의 위기'에 해당된다. 그러나 선언문에서 주장했듯 이 위기는 구조적이며 현대 자본주의 위기의 일부분인 까닭에 그 표현에 오해의 소지가 있다. 그럼에도 그 심각성을 감안할 때 최근 몇 년 사이 사회적 재생산에 대한 투쟁이 폭발한 것은 놀라운 일이 아니다. 북구의 페미니스트들은 종종 '일과 가정의 균형'에 초점을 둔다. 그러나 사회적 재생산에 대한 투쟁은 주거, 의료, 식량 안보, 무조건적인 기본 소득을 요구하는 풀뿌리 지역 사회 운동, 이주민, 가사 노동자, 공무원의 권리에 대한 투쟁, 영리 요양원, 병원, 보육원에서 일하는 사회 복지사들의 노동조합을 결성하기 위한 캠페인, 탁아와 노인 돌봄과 같은 공익 사업, 주당 근무 시간 단축, 넉넉한 유급 출산 휴가 및 육아 휴가를 위한 투쟁을 포함해 훨씬 더 많은 것을 아우른다. 종합해 보면 이러한 주장들은 생산과 재생산 관계의 대폭적인 재조정에 대한 요구이다. 즉 이윤을 위한 생산보다 사람들의 삶과 관계를 중요시하는 사회적인 조정에 대한, 또 모든 젠더·국적·성·피부색의 사람들이 사회적 재생산 활동을 안전하고 보수가 충분하며, 괴롭힘 당할 염려

없는 노동과 조화시킬 수 있는 세상에 대한 요구라
할 것이다.

99퍼센트의 페미니즘 정치
The politics of feminism
for the 99 percent

이제까지의 분석에는 우리 선언문의 근
본적인 정치관이 담겨 있다. 즉, 페미니즘은 현 위
기를 기회로 삼아 일어나야 한다. 앞서 말했듯 자
본주의의 위기는 일시적으로 축출할 수 있어도 해
결할 수는 없다. 진정한 해결책은 전혀 새로운 형태
의 사회 조직을 필요로 한다.

우리의 선언문은 대안의 면밀한 윤곽
을 규정하지 않는다. 대안은 그것을 창조하기 위한
투쟁 과정에서 출현해야 하기 때문이다. 그러나 어

떤 것은 이미 명확하다. 자유주의 페미니즘의 주장과 달리 성차별은 지배 기회의 평등으로 무산시킬 수 없고, 통상적인 자유주의의 주장과 달리 법적 개혁으로도 좌절시키지 못한다. 마찬가지로 사회주의에 대한 전통적인 이해에 반해, 임금 노동 착취에 배타적으로 초점을 맞추는 것 또한 여성은 물론 어떤 성별의 노동자도 해방시킬 수 없다. 착취로부터 피할 수 없는 무임금 재생산 노동에 대한 자본의 수단화 역시 표적으로 삼아야 한다. 사실상 필요한 것은 체제가 야기한 생산과 재생산의 고질적인 결합, 이윤 창출과 사람 만들기의 뒤얽힘, 전자에 대한 후자의 종속을 극복하는 일이다. 또한 그들 간의 공생 관계를 초래하는 더 큰 체제를 파기해야 한다는 사실을 의미한다.

우리의 선언문은 자유주의 페미니즘을 이 해방 프로젝트에 대한 주요 장애 요인으로 인식한다. 자유주의 페미니즘의 물결은 이전 시대의 페미니스트 급진주의를 능가하고 사실상 역전

시킴으로써 현재의 지배력을 얻었다. 페미니스트 급진주의는 1970년대 전쟁과 인종 차별, 자본주의에 대한 반식민주의 투쟁이라는 강력한 해일의 절정에서 출현했다. 페미니스트 급진주의는 반식민주의 투쟁의 혁명 정신을 공유하며, 기존 질서의 전체 구조적인 기반에 의문을 제기했다. 그러나 그 시대의 급진주의가 침강하자, 패권을 장악한 것은 유토피아적이고 혁명적인 열망을 잃은 페미니즘, 주류 자유주의의 정치 문화를 반영하고 수용한 페미니즘이었다.

물론 자유주의 페미니즘만으로 모든 것이 설명되는 것은 아니다. 전투적인 반인종주의 및 반자본주의 페미니즘의 물결은 언제나 존재해 왔다. 흑인 페미니스트들은 계급 착취, 인종 차별, 젠더 억압의 교차점에 대한 통찰력 있는 분석을 내놓았으며, 새로운 유물론적 퀴어 이론은 자본주의와 성 정체성의 억압적인 물신화 사이에서 중요한 연관성을 밝혀냈다. 전투적인 페미니스트들은 그

날그날의 고된 풀뿌리 운동을 지속해 왔으며, 마르크스주의 페미니즘은 현재 부흥하고 있다. 그럼에도 신자유주의의 부상은 급진적 물결이 활동해 온 전반적인 맥락을 변화시키면서, 모든 친노동 계급 운동을 약화시키는 한편 기업 친화적인 대안들, 그중에서도 특히 자유주의 페미니즘을 강화시켰다.

하지만 오늘날 자유주의 페미니즘의 헤게모니가 다시 흔들리기 시작했고, 페미니스트 급진주의의 새로운 물결이 그 잔해에서 출현했다. 선언문에서 언급했듯 현 운동의 주요 혁신은 파업이라는 방식을 채택하고 재발견했다는 것이다. 페미니스트들은 파업에 나섬으로써 노동자 운동과 동일한 투쟁 형태를 취하면서 이를 개편했다. 임금 노동뿐 아니라 사회적 재생산이라는 무임금 노동에서도 손을 떼며, *자본주의 사회에서 긴요한 후자의 역할*을 드러낸 것이다. 여성의 힘을 가시화함으로써, 파업은 노동조합이 '소유'하는 것이라는 주장에 도전했다. 페미니스트 파업자들은 기존 질서를 받아들일 의향이 없다는 바를 표하며 노동 투쟁을 재민주화하고, 파업이 특정 조직의 것이나 노동 계급 일부 계층의 것이 아니며 노동 계급 *전체*에 속한다는 것을 다시금 명백하게 진술하고 있다.

잠재적 영향은 매우 광범위하다. 선언문에서 언급했듯이, 페미니스트 파업은 무엇이 계급을 구성하는지, 그리고 무엇을 계급 투쟁으로 간주할 수 있는지를 다시 생각케 한다. 카를 마르크스는 노동 계급을 '보편적 계급universal class'으로 이론화한 것으로 유명하다. 노동 계급은 자신에 대한 착취와 지배를 극복하기 위해 싸우는 동시에 세계 인구의 압도적인 다수를 억압하는 사회 제도에도 도전함으로써, 인류의 대의를 진전시킨다는 것이다. 그러나 마르크스의 추종자들은 노동 계급도 인류도 미분화되고 동질적인 존재가 아니며, 그 내부적 차이에 눈을 감고서는 보편성을 달성할 수 없다는 사실에 항시 유념하진 못했다. 우리는 이 정치적·지적 과실에 대한 대가를 여전히 지불하고 있다. 신자유주의자들이 자본의 포식을 미화하기 위해 다양성을 축하하는 와중에 좌파를 구성하는 너무 많은 세력들은 우리를 통합시키는 것이 추상적이고 동질적인 계급 개념이며, 페미니즘과 반인종주의가 우리를 분열시킬지 모른다는 낡은 공식에 의탁하고 있다.

그럼에도 점점 더 분명해지고 있는 것은 전투적 노동자를 백인 남성으로 그리는 표준 초상이 시대적 추이와 맞지 않다는 사실이다. 사실상 그 초상은 애초부터 정확하지 않았다. 앞서 선언문에서 논한 것처럼 오늘날의 전 세계 노동 계급은 수십억 명의 여성과 이주민, 유색 인종으로 구성돼 있다. 이 계급은 아랍 혁명의 핵심이었던 식량 폭동부터 이스탄불의 탁심 광장을 점령한 젠트리피케이션gentrification 반대 운동, 다시 '로스 인디그나도스los Indignados'•를 움직이게 한 긴축 반대와 사회적

● 분노한 사람들이라는 뜻의 스페인어. 2011년 봄, 스페인의 젊은 층이 정부 개혁을 촉구하며 주도한 시위를 가리킴.

재생산 방어에 이르기까지, 일터에서뿐 아니라 사회적 재생산과 관련한 투쟁을 벌인다.

　　우리 선언은 노동 계급을 텅 비고 균일한 추상으로 생각하는 계급 환원주의적 관점, 다양성을 위한 다양성을 찬양하는 진보적 신자유주의 관점 모두를 거부한다. 그 대신 우리는 아래로부터의 무수한 투쟁에서 그 형태와 내용을 얻는 보편주의universalism를 제안한다. 자본주의 사회 관계에 내재한 차별, 불평등, 위계는 분명 억압받고 착취당하는 사람들 사이 이해의 충돌을 야기한다. 단편적인 투쟁의 확산은 그 자체로 사회를 변화시키는 데 필요한 견고하고 광범위한 동맹의 출현을 방해한다. 하지만 우리 사이의 차이를 진지하게 받아들이지 못하는 한, 그런 동맹은 완전히 불가능해질 것이다. 우리의 선언문은 그 차이를 없애거나 무시하는 대신, 차이를 무기화하는 자본주의의 획책에 맞서 싸울 것을 주장한다. 99퍼센트의 페미니즘은 언제나 만들어지는 중이며, 언제나 변모와 논쟁에 열려 있고, 언제나 연대를 통해 스스로를 새로이 확립해 보편주의의 비전을 담아낸다.

99퍼센트의 페미니즘은 지치지 않는 반자본주의 페미니즘이다. 우리가 평등하기 전에는 결코 엇비슷한 것으로 만족할 수 없고, 정의가 구현되기 전에는 법적 권리에 만족하지 않으며, 모두를 위한 자유를 근간으로 개인의 자유가 매겨질 때까지는 민주주의에 결코 만족할 수 없는 페미니즘이다.

WORKERS
OF THE
WORLD

WE WHO BELIEVE
IN FREEDOM
CANNOT REST
UNTIL IT COMES

WHY DO WOMEN
GET PAID LESS?

HUM
RIG

%

WE WILL
NOT BE FOOLED

NO
BORDERS

HATE
KILLS

99%
페미니즘
선언

인쇄	2020년 2월 27일 첫판 1쇄 인쇄
발행	2020년 3월 6일 첫판 1쇄 발행
	2020년 9월 1일 첫판 2쇄 발행
	2021년 5월 18일 첫판 3쇄 발행
지은이	낸시 프레이저 NANCY FRASER
	친지아 아루짜 CINZIA ARRUZZA
	티티 바타차리야 TITHI BHATTACHARYA
옮긴이	박지니 JEANNIE PARK
편집	나낮잠 NAZZAM NA
	노유다 YUDA ROH
디자인	이지연 JIYEON LEE
펴낸 곳	움직씨 출판사
주소	경기도 고양시 덕양구 세솔로 149, 1608-302 (우편번호 10557)
전화	031-963-2238 / **팩스** 0504-382-3775
이메일	oomzicc@queerbook.co.kr
홈페이지	www.queerbook.co.kr
온라인 스토어	oomzicc.com
트위터	twitter.com/oomzicc
인스타그램	instagram.com/oomzicc
페이스북	facebook.com/oomzicc
인쇄	넥스프레스
ISBN	979-11-90539-04-3 (03300)

이 책의 국립중앙도서관 출판예정도서목록(CIP)은 서지정보유통지원시스템 홈페이지
(http://seoji.nl.go.kr)와 국가자료공동목록시스템(http://kolis-net.nl.go.kr)에서
이용하실 수 있습니다. (CIP제어번호 : CIP2020007907)